乡村文化产业与乡村振兴经济发展

雷希颖　著

中国商业出版社

图书在版编目（CIP）数据

乡村文化产业与乡村振兴经济发展 / 雷希颖著. 北京 ：中国商业出版社，2024. 10. -- ISBN 978-7-5208-3174-1

Ⅰ. G124

中国国家版本馆 CIP 数据核字第 2024Q7E521 号

责任编辑：黄世嘉

中国商业出版社出版发行

（www.zgsycb.com　100053　北京广安门内报国寺 1 号）

总编室：010-63180647　编辑室：010-63033100

发行部：010-83120835/8286

新华书店经销

廊坊市国彩印刷有限公司印刷

*

710 毫米 ×1000 毫米　16 开　12.5 印张　196 千字

2024 年 10 月第 1 版　2024 年 10 月第 1 次印刷

定价：49.80 元

****

（如有印装质量问题可更换）

前　言

在当前经济全球化快速发展的背景下，乡村地区面临诸多挑战，如经济发展模式滞后、传统文化日渐式微、人口流失及老龄化严重等问题。因此，如何全面推进乡村振兴，已成为各国普遍关注的问题。《乡村文化产业与乡村振兴经济发展》一书旨在深入探讨乡村文化产业如何成为推动乡村经济发展的关键力量，以及如何通过文化产业的振兴来推动乡村振兴。本书从乡村振兴与乡村文化产业的关系入手，阐述了乡村文化产业不仅是经济增长的新引擎，也是文化自信和社会和谐的重要来源。通过挖掘和保护乡村文化资源，我们不仅能保存这些宝贵的文化遗产，还能激发乡村的发展潜能，为乡村振兴注入新的活力。本书探讨了乡村文化产业的创意设计与产品开发，强调创意设计在提升文化产品附加值和市场竞争力中的核心作用。同时，本书详细介绍了如何通过有效的市场营销策略，将乡村文化的独特魅力以产品化的形式推向更广阔的市场。在乡村文化产业发展模式与战略规划方面，本书提供了一系列切实可行的策略和模式，帮助读者理解如何根据本地实际情况制定合理的发展规划。本书还深入讨论了乡村文化产业与乡村经济的协同发展，揭示了两者间的相互促进和依存关系。最后，本书通过一系列实践案例，展示了各地如何通过实施具体的文化产业项目，成功推进乡村振兴。

本书力求通过深入的分析和实用的策略，以期在乡村振兴的大潮中，深化读者对文化产业的定位、价值和意义的认知。希望本书为广大读者提供一些借鉴和启示，为全面推进乡村振兴助力。

作者

2024 年 7 月

目　录

第一章　乡村振兴与乡村文化产业的关系

第一节　乡村振兴战略的背景与意义

一、问题提出

在中国，无论如何强调农业、农村和农民问题的重要性都不为过，这是由中国作为传统农业大国的历史经验和现实国情决定的。中国的乡村社会生活着全国近半数人口和绝大多数贫困人口，广大乡村为工业化和城镇化提供了大量的人力、物力资源，成为支撑中国社会发展最稳定的“蓄水池”。中华人民共和国成立以来，尤其是家庭联产承包责任制施行以来，农村爆发出前所未有的潜能，制度变迁带来的红利得到极大释放。今日之中国农村，吃饭问题已经得到解决，接下来它所承担的是在全面建成小康社会、实现第一个百年奋斗目标的基础上，通过自身的健康发展，为全面建设社会主义现代化国家和第二个百年奋斗目标的实现，继续提供有力支撑的责任。但我们也应当正视现实的问题：长期以来，在经济社会发展过程中，制约农村发展的城乡二元结构困境并未彻底消解，农村资源流失的基本态势也未能彻底扭转，农村被打上“落后”的标签。农村环境、教育、医疗卫生、基层治理等议题逐渐成为社会关注的焦点。党的十九大报告中提出，实施乡村振兴战略，坚持农业农村优先发展，按照产业兴旺、生态宜居、乡风文明、治理有效、生活富裕的总要求，建立健全城乡融合发展体制机制和政策体系，加快推进农业农村现代化。党的二十大报告强调坚持农业农村优先发展，对全面推进乡村振兴作出重要部署，提出“加快建设农业强国，扎实推动乡村产业、人才、文化、生态、组织振兴。”为我们全面推进乡村振兴指明了方向，提供了遵循。

作为世界上最大的发展中国家，中国的发展关乎世界近五分之一人口的命运。经过改革开放40多年的发展，中国经济总量跃居世界第二位，建成了世界上门类最齐全的工业体系，截至2023年，城镇化率也达到了66.16%[①]，居民生活水平得到极大提高。进入21世纪以来，随着社会主义新农村建设和连续12年的“中央一号文件”的实施，农村发展进入新的历史时期，工业反哺农业、城市反哺农村等政策导向对增加农民收入、改善农村环境以及提高基层治理水平等有着重要的推动作用。但城市中心主义和GDP论等发展主义思维所带来的负面影响也逐渐显现，作为发展过程中的边缘空间和基础产业，农村和农业面临的问题日趋严重，如城乡发展失衡、生态破坏、环境污染、群体性事件等问题层出不穷，改变农村传统粗放型发展模式势在必行。考察当前乡村发展过程中的诸多问题，主要表现在以下五个方面。

（一）城市资源攫取与乡村消失加速

在工业化和城镇化发展背景下，城市对乡村的资源攫取日益严重，主要表现为农村劳动力转移进城、农产品低价销售和农村土地与城市用地增减挂钩等方面，土地、农产品和劳动力作为农民主要的增收手段，在新时期均面临巨大的困境。资源攫取带来的最直接影响就是乡村消失加速。值得注意的是，农村空心化或消失是随着工业化和城镇化发展的渐进过程，这是经济社会发展的一般规律。但在过去数十年间，中国的乡村衰落问题却呈现出人为干预下的加速趋势。乡村衰落反映了农民收入低与向城市流动的现实，背后的逻辑是城乡资源配置不平衡导致的资源向城市集聚，乡村成为资源攫取的对象。农业作为风险大的经济再生产与自然再生产相互交织的产业，其增收效果远低于第二、第三产业。20世纪中后期，乡镇企业曾吸纳大量农村剩余劳动力就近就业，拓宽了农民增收渠道。但随着城市化和工业化进程加速，乡镇企业发展逐渐显出颓势，进城务工转而成为农民增收的主要渠道。当农业难以成为农民增收的主渠道时，农村人口向城镇转移成为不可阻挡的趋势，

① 国家统计局．中华人民共和国2023年国民经济和社会发展统计公报．中国政府网：https://www.gov.cn/lianbo/bumen/202402/content_6934935.htm.

进而导致耕地撂荒和农村衰落。参考 2010 年和 2020 年《中国城乡建设统计年鉴》，2010 年全国共有 272 万个自然村，到了 2020 年，自然村的数量下降为 236 万个。同时，各省村庄人口从 2010 年的 7.9 亿人下降到 2020 年的 6.7 亿人。除了城镇近郊“村改居”工程导致自然村数减少外，许多远离城镇的自然村因为人口大量外流而“自然”消失[①]。以城市为中心的发展思路最终导致城乡资源配置不平衡性加剧，而城市对乡村资源的不断攫取又加速了乡村资源的流失。随着人口向城市转移的加速，作为乡村发展最基础的要素——人，无论是在数量上还是在质量上都趋于弱化。值得注意的是，从短期看，乡村加速消失会直接影响农业生产的稳定性，而从长期看，乡村消失的影响更在于可能会将农村这个中国传统意义上最稳定的“蓄水池”逐步消解，尤其当进城务工人员难以融入城市生活时，在城乡之间进退失据，可能会导致严重的社会问题。

（二）农业生产可持续性遭遇危机

有别于工业生产的集约化特征，农业生产有着较强的季节性和分散性特点，这决定了农业生产必须符合农业发展的基本规律。同时，中国地形地貌复杂多样，气候差异极大，农作物种类繁多，加之家庭联产承包责任制下的分散经营，决定了中国农业规模化经营需要坚持“适度规模”而非大规模经营。但急速推进的工业化和城镇化则对农产品在数量尤其是粮食安全方面提出了较高的要求，而农业现代化的发展动机在实践中被扭曲为追求机械化和规模化，农业生产呈现出集约化、市场化和资本化的趋势，农业生产形式由传统的小规模农户向“工业化农业”转变。农业生产的规模化进一步加剧了农业人口向城镇转移，而为单纯追求短期农业产出不断增加化肥、农药使用量的经济行为，也造成了农田肥力的下降和土壤结构的恶化，部分地区的耕地甚至形成了重金属污染区。据统计，全国土地中受到污染的面积高达 2000

---

①张玉林 . 流动与瓦解：中国农村的演变及其动力 [M]. 北京：中国社会科学出版社 ,2012.

多万公顷，是全部耕地面积的 1/5[①]，每年因水资源和耕地资源污染引发的粮食污染量近 1300 万吨[②]。近些年，农业规模化生产造成的农村面源污染成为社会关注的重要话题，以市场为导向的畜禽生产在产出大量肉类产品的同时，由于粪便处理技术滞后和公共产权边界模糊等因素又造成了农村新的、更大的污染源。究其根源，农业面源污染加剧的主要因素在于农业越来越亲资本而非亲劳动，依靠大量的资源投入获得农产品成为农业规模化经营的主途径，而污染处理与监管则相对滞后，农村环境成为农业集约化生产的牺牲品。与此同时，城市工业向城外和农村转移，其中不乏污染型工业，使得工业污染向农村转移趋势加剧，一些城郊接合部成为城市生活垃圾及工业废渣的堆放地。大量掠夺式的采石开矿、挖河取沙、毁田取土、陡坡垦殖、围湖造田、毁林开荒等行为，使很多生态系统功能遭到严重破坏。

（三）留守人口问题严重

进城务工是农村剩余劳动力增加收入的重要途径，有助于在城乡之间建立人际和互动关系。但由于户籍制度的限制和城市劳动力需求结构相对单一，农村社会出现大量留守人口群体，青壮年劳动力则进城务工，留守老人、留守儿童和留守妇女构成了当前中国农村留守群体，这一群体被称为“386199部队”。留守人口现象，既有城市户籍制度制约因素，也有人口的性别与年龄结构因素，而农村生产的季节性与城市工作时间的集中性导致农民工群体的流动具有典型的钟摆式特征，即农忙时节回到农村务农，农闲时节回到城市务工，这一特征改变了原有乡村社会人口流动相对稳定的特点。留守老人难以得到来自家庭的关怀照料。留守儿童的心理健康和教育缺失问题凸显，成年留守人口与城市务工者之间由于时空上的隔离导致家庭成员间的紧密度下降，进而引起诸多农村社会问题。研究显示，农业生产的主要维持者是农村老年人口，约八成的留守老人从事农业生产，半数左右的留守老人家庭耕

①黄燕华，张娜，刘丽．我国耕地土壤重金属污染现状及防治对策探析[J].化工设计通讯，2017，43(9)：192-193.

②国家统计局．中华人民共和国2023年国民经济和社会发展统计公报．中国政府网：https://www.gov.cn/lianbo/bumen/202402/content_6934935.htm

种的土地面积在两亩左右，部分甚至十亩左右，在缺少子女协助的情况下，留守老人劳动负担沉重[①]。由于知识技能水平和年龄结构的限制，留守人口问题很难通过大量转移进城的方式加以解决，而单纯依靠留守人口发展乡村进而缩小城乡资源差距是不现实的。

（四）撤点并校与城乡教育失衡

以城市为中心的发展主义，必然形成城乡教育资源失衡，而城乡二元结构更加大了两者之间的差距。在师资水平和学生升学率等指标方面，乡村学校均落后于城市学校。随着撤点并校政策的推进，部分乡村教师向城市转移，乡村学生远离家乡就读。本就处于弱势的乡村教育在行政力量的作用下更加薄弱，而这一政策在实践中并非真正实现城乡教育资源的均等化，反而形成了以城市为中心的教育导向，乡村留不住教师、留不住学生成为当前乡村教育面临的难题。农村小学数量从 1997 年的 51 万所降至 2010 年的 23 万多所，超过六成的农村教学点被撤并，数量从 18 万个降至 7 万个左右[②]。以城市为中心的教育资源集聚，加剧了乡村教育资源的稀缺性，而城乡学生之间家庭收入的差距等现实因素则容易在青少年群体中引发相互攀比的风气，进而对乡村学生的心理健康造成困扰。而更值得注意的是，这种城市教育导向下的乡村学生在受教育过程中会不知不觉形成“城市比乡村美好”的价值导向，最终反过来造成乡村教育资源的稀缺性。

（五）城乡基本公共服务差距显著

以城市为中心的发展路径导致城乡资源严重失衡，在医疗卫生、就业机会、教育资源和社会保障以及公共基础设施等领域，乡村远远滞后于城市发展。由于长期受城乡二元结构影响，我国城乡基本公共服务供给存在很大差异，形成了城乡相对独立、碎片化的基本公共服务供给体系。城乡基本公共

---

①单丽卿．“强制撤并”抑或“自然消亡”？——中西部农村“撤点并校”的政策过程分析 [J]. 河北学刊 ,2016，36(1):171-176.

②杨喜，王平．城乡一体化视阈下城乡基本公共服务均等化研究 [J]. 长春理工大学学报（社会科学版），2017，30(1):17-21+62.

服务在供给数量与效益方面存在着严重不均衡，扩大了城乡发展差距[①]。发展主义主导下的城乡资源失衡导致中国城乡之间的发展呈现断裂的态势，城市在生活、工作和学习等方面远远领先乡村，乡村发展基础不牢，动力不足。但同时我们也注意到，乡村振兴战略一方面是作为应对发展主义弊端的举措而提出；另一方面重新认识乡村价值的因素也促进了这一战略的出台。近年来，农业的多功能性被不断提及，农业承载的生态环境、粮食安全、带动就业等多重价值得到重视，乡村社会在传承传统文化、促进社会稳定等方面的功能得到社会关注，也成为“记住乡愁”的最佳载体。

三、乡村振兴战略的意义

（一）经济发展提升

乡村振兴战略的实施着眼于农业现代化推进，农村产业结构优化以及农村市场体系建设，共同推动农村经济的全面发展。通过引入先进的农业技术和设备，提高农业生产效率和产品质量是乡村振兴战略的重点之一。新技术的应用使得传统农业从劳动密集型向技术密集型转变，这不仅提高了单产，还改善了农产品的竞争力。同时，政策支持农民学习和掌握新技术，通过技术培训和推广活动，增强农民的技术应用能力，使他们能在日益激烈的市场竞争中立于不败之地。除传统农业的现代化外，乡村振兴战略还鼓励和支持农村地区发展多样化的非农产业。通过发展乡村旅游、手工艺品、乡土产品加工等产业，为农村地区创造新的经济增长点和就业机会。这些产业的发展有助于拓宽农民的收入渠道，减少对传统农业的依赖，从而提升和改善农民的整体生活水平和经济状况。同时，乡村振兴战略还重视农村市场体系的建设与完善。通过改善农村基础设施，如交通、物流、信息网络等，可以有效降低农产品流通成本，提高市场效率。建立和完善农产品销售平台，使农民能够直接与市场对接，增加农民的议价能力和销售收入。此外，政府还推动建立农村金融服务体系，为农民提供贷款、保险及其他金融产品，解决农业

① 李露萍．当代“新农人”的身份建构研究 [D]. 上海：华东师范大学 ,2016:7.

生产和经营中的资金问题，激发农村经济的内生动力。农村产业融合发展也是乡村振兴战略中重要的一环，通过促进农业与第二、第三产业的深度融合，形成产业链、价值链上的互补和互联。例如，通过将农业生产与农产品加工、农业旅游等业务结合起来，可以实现产品价值的最大化和农民收入的持续增长。这种融合不仅促进了农村经济的多元化发展，还带动了相关产业和服务业的进步，形成了良好的经济循环与生态平衡。为实现这些目标，政府制定了一系列政策和措施，包括提供财政补贴、税收优惠、技术支持和市场扶持等，确保乡村振兴战略的顺利推进。这些政策的实施不仅增强了农村地区的自我发展能力，也提升了农村经济的整体竞争力，使乡村振兴战略在推动经济发展方面发挥了核心和关键作用。通过这一系列举措，乡村振兴战略有效地推动了农村经济的繁荣，实现了农业与农村现代化，为实现社会主义现代化国家建设奠定了坚实的基础。

（二）社会结构优化

长期以来农村地区面临教育资源不足、医疗保健服务落后、社会保障体系不健全等问题，这些问题的存在不仅影响了农村居民的生活质量，也制约了社会的整体进步和经济的健康发展。通过实施乡村振兴战略，加大对农村教育的投资，改善农村教育设施，提高农村教育质量，使农村儿童和青少年能够享受到与城市同等水平的教育服务，这不仅有助于提高农村人口的整体素质，也是缩小城乡教育差距、实现教育公平的重要措施。同时，乡村振兴战略注重提升农村医疗卫生服务水平，通过建设乡村医疗卫生设施、增加医疗资源投入、培训乡村医生和医疗人员，改善农村公共卫生环境，确保农村居民能够获得基本的医疗保健服务，从而提高农村地区的健康水平，减少因病致贫的现象。这些举措不仅提升了农村居民的生命质量和预期寿命，也有助于构建更加健康和稳定的社会结构。此外，乡村振兴战略强调加强农村社会保障体系建设，完善养老、失业、医疗等社会保障政策，建立健全的农村社会救助体系，提高农村居民的社会保障水平。通过这些措施，可以有效减少农村地区的社会不安定因素，加强农村居民的生活保障，促进社会公平和正义。这种全面提高农村社会保障水平的策略不仅改善了农民的生活条件，也增强了农民对未来生活的信心和安全感，从而促进了社会稳定和谐。乡村振兴战略还注重促进农村人口的就业多元化，通过发展乡村产业、促进农村创新创业等方式，为农村居民提供更多的就业机会。这些措施有助于激发农村居民的创造力和积极性，提高他们的经济收入和社会地位，同时也有助于优化农村的人口结构和社会结构，促进农村地区的稳定发展。通过增加农村地区的就业机会，还可以有效遏制因就业不足导致的人口外流，促进人口在城乡之间的均衡分布，减轻大城市的人口压力，实现区域发展的均衡。社会结构优化是乡村振兴战略中的重要组成部分，其目的在于通过改善农村的社会环境和提升农村居民的生活质量，实现农村社会的全面进步、和谐发展。这不仅能够提升农村居民的幸福感和满意度，还能为国家的长远发展提供坚实的社会基础和人力资源支持，是推动社会主义现代化建设的重要策略。

（三）生态文明建设

生态文明建设策略强调可持续发展，确保在满足现代农村发展需要的同时，不损害生态系统的健康和长远利益，从而保证资源的可持续利用和环境的长期稳定。实施乡村振兴战略中的生态文明建设包括推广生态农业实践、加强农村环境治理、保护自然资源和生物多样性等多方面的内容。通过推广生态农业和实行循环农业，可以有效地减少化肥和农药的使用，降低农业生产对环境的负面影响。生态农业不仅有助于提高农产品的质量和安全性，提高农产品市场竞争力，还能增强土壤的生育力和农田的持续生产能力。在这种模式下，农业废弃物被视为资源，通过科学的方法转化为有机肥料或者其他有价值的物资，从而实现农业生产的零废弃和资源的最大化利用。加强农村环境治理也是生态文明建设的重要方面。通过治理水污染、空气污染、土壤污染等环境问题，可以改善农村居民的居住环境，提高他们的生活质量。包括建设农村污水处理设施，推广清洁能源的使用，如太阳能和生物质能以及加强垃圾分类和资源回收利用。通过这些措施，不仅改善了农村的环境状况，还推广了绿色、低碳的生活方式。保护自然资源和生物多样性是实现乡村振兴的基础和前提。这意味着在农村地区推广自然保护区的设立，保护珍稀植物和动物，恢复自然生态系统的原生态功能。在乡村地区开展生态保护和恢复工程，如退耕还林、退耕还草和湿地恢复，不仅有助于提升生物多样性，还能增强生态系统的稳定性和抵御自然灾害的能力。这些措施的实施需要政府的政策支持和引导，包括制定相应的法律法规，提供技术和资金支持以及加强生态文明教育和公众意识的培养。通过政府、企业和公众的共同努力，可以确保乡村振兴战略在推动经济发展的同时，也能实现生态环境的保护和改善。生态文明建设在乡村振兴战略中的重要性不仅在于保护环境，更在于通过可持续的发展方式，促进经济、社会、环境的和谐发展，建设美丽乡村，实现农村的长远繁荣和国家的可持续发展目标。这一策略有助于构建环境友好型社会，提高人民的生活质量，同时为后代保留足够的资源和良好的生态环境。

（四）文化传承与创新

文化传承与创新策略不仅有助于保护和传承中国丰富多彩的农村文化遗产，还能鼓励新技术、新模式融入农村，增强农村居民的文化自信，推动农村社会和经济的全面发展。农村地区是中国传统文化的重要发源地，拥有众多的传统艺术形式、民间习俗、节日庆典和历史遗址等文化资源。通过乡村振兴战略的实施，这些传统文化得到了系统的梳理、保护和转化，一些即将失传的手工艺、传统戏曲、民俗活动等得以复兴。政府和社会团体采取多种措施来记录和传播这些文化，如建设文化博物馆、举办文化节和展览、编撰地方志，甚至打造乡村文化 IP 体系等。这些探索不仅能让更多的人了解和欣赏到农村的传统文化，也提高了农村文化的社会价值和经济价值。同时，文化创新在乡村振兴战略中也占据了重要位置。农村地区通过引入新的文化创意和技术，将传统文化与现代元素相结合，创造出新的文化产品和服务。例如，一些地区将传统工艺与现代设计相结合，开发出符合现代审美和市场需求的工艺品；农村美食也通过包装和营销的创新，成为可以推广到全国乃至国际的特色产品；传统文化通过卡通 IP 化的转化，融进乡村识别体系，融入乡村产业体系，形成独具特色的乡村 IP 产业。这种文化与经济的结合，不仅提升了传统文化的活力，也为农村地区创造了新的经济增长点。此外，乡村振兴战略还强调利用现代信息技术来传播农村文化，比如通过互联网、社交媒体等平台宣传农村的文化活动和文化产品，使农村的文化更加开放和包容。这种方式不仅有助于农村文化的传播，也使相关的农村居民能有机会直接参与全国乃至全球的文化交流，增强了农村文化的影响力和吸引力。通过这些文化传承与创新的探索和实践，乡村振兴战略有效地保护和激活了农村的文化资源，提高了农民的文化素质和创造力，增强了农村的文化自信和凝聚力，拓宽了农村的文化转化及增效的路径。这一过程，不仅使农村地区的独特文化得以传承和发展，也为全社会的文化多样性和文化创新提供了源源不断的动力和灵感。

（五）政策支持与激励机制

乡村振兴战略中的政策支持与激励机制是实现农业现代化、提升农民福祉和推动乡村全面进步的关键环节。政策支持通常包括法律、财政、土地等方面的具体措施，而激励机制则涵盖了经济和非经济的激励，旨在激发农村地区的内生发展动力。在法律政策方面，国家出台了一系列旨在保护和激活农业发展的法律规定，确保农民的土地使用权、农业发展权等基本权益，这些都为乡村振兴提供了坚实的法律保障。通过这些法律政策，农民能更好地依法维护自己的权益，同时在农业生产中享受到更多的自主权和保护。在财政支持方面，政府通过增加农业和乡村发展的投入，提供各种补贴政策来支持农民增产增收。例如，对种植、养殖业的直接补贴，对农村基础设施建设如水利、道路、电网的资金支持以及对新技术推广和应用的资助，这些都大大提高了农业生产的效率和质量，促进了农业向现代化迈进。土地政策也是乡村振兴中的一个重要方面。国家实施的土地流转政策、土地整治项目等，不仅增加了农村土地的利用效率，还帮助农民通过土地入股、合作社分红等方式增加收入，激发了农民对发展农业的积极性。这种政策的实施有助于农民释放土地资源潜力，推动农业产业结构的优化和升级。在激励机制方面，政府推行了一系列经济和非经济的激励措施。经济激励包括提供税收减免、增加财政补助等，这些措施可以直接提高农民的经济收益，增强其投资农业的意愿。非经济激励则包括荣誉称号、优秀农民的表彰、提供培训机会等，这些激励措施能提升农民的社会地位和自我实现感，进一步激发他们参与乡村振兴的积极性。除此之外，为了鼓励农业科技创新和应用，政府还设立了特定的科技奖励机制，对在农业生产中实现重大技术突破或模式创新的个人或机构给予奖励。这种科技激励机制有效地推动了农业科技进步，提高了农业的整体竞争力。乡村振兴战略中的政策支持与激励机制通过多方面的手段和措施，不仅直接提升了农业的生产能力和农民的生活质量，而且促进了农村社会经济的全面发展和进步，这对于实现农业现代化和社会和谐有着至关重要的作用。通过这些综合性的策略，农村地区的发展活力得到了有效激发，乡村振兴的长远目标也将逐步实现。

第二节　乡村文化产业的概念与特点

一、乡村文化产业

（一）乡村文化

乡村文化是以乡村居民为主要群体、经过长期农业生产实践沉淀而形成的一种文化，具有强烈的在地性和乡土性。正是因为这种特性，才让乡村文化贴近农民生活，能真实反映农民思维方式、认知模式、价值观念、情绪状况以及人生追求等深层心理结构。乡村文化也与村民的生产生活有着密切的联系，它反映了村民的精神意识、生活方式和乡村情结。乡村文化包括物质乡村文化和精神乡村文化，物质层面包括乡村生态环境、乡村建筑、民间工艺品等不同方面；精神方面包括生活习惯、礼仪观念、传统节日、民俗、宗教等①。

① 殷冬阳．云南乡村文化产业经营模式研究 [D]. 昆明：云南财经大学 ,2018.

乡村文化是乡村社会不可或缺的一部分，受到农村社会结构变迁的深刻影响。乡村形成和保存了许多中国传统文化的灿烂成果。我国在由传统社会向现代社会转型的过程中，传统的乡村文化必然会受到冲击。随着社会现代化进程的快速发展，消费社会的兴起使人们从物质上的需要向更高层次的文化和审美需要转变。乡村文化具有不同于都市文化的独特个性，追求人与自然的和谐，具有乡村田园美学的传统，承载着诗意的精神寄托，它的存在使人们得以满足回归田园、怀念传统的愿望，故乡村文化再一次回归到大众的文化视野中。

（二）文化产业

我国文化产业具有商品属性和意识形态的属性，且具有公共服务与指导的作用。文化产业功能的实现离不开文化产业宏观管理中以政府为主体的行政管理行为。如何提升国民文化自信和我国文化软实力，在大力发展和壮大我国文化产业的同时，让我们的文化产业更好地服务于人民，提供良善的价值引导，最终实现经济效益和社会效益的双丰收，是当前我国文化产业发展需要深入研究的问题。

早在 2012 年国家统计局制定的《文化及相关产业分类（2012）》中，已将文化产业定义为是指把文化、娱乐产品和服务提供给公众的行为，并将文化及相关产业分成十个大类别。这是我国对文化产业进行系统分类的正式准则，并将文化及其相关产业的概念与内涵进一步深化，补全了我国在文化产业这一块的定义空白。而西方出现“文化产业”这个词可以追溯到 1936 年出版的《机械复制时代的艺术作品》，这本著作是法兰克福学派的本雅明所著。在这本书中，本雅明第一次提出了 20 世纪二三十年代出现的一种新的文化现象，即收音机、留声机和电影的出现所引起的文化变革。本雅明认为，“复制”技术可以改变文学和艺术作品的质量，使其不再是一种“一物”，而成为一种可大量产出、批量生产的产品。这样，艺术就从被少数人垄断的鉴赏中解脱了，并进入大众领域被欣赏和分享。本雅明把它看作一场文化的革命与解放。这一看法引起了阿多诺的批评，1947 年，阿多诺与霍克海默在他们的著作《启蒙的辩证法》之中，首先引用了“文化产业”（Culture Industry，也作“文化工业”）一词。最初写作时阿多诺严格区分了“大众文化”和“文化产业”的概念。当时德国学界解读“大众文化”是一种与文化相似的事物，它来自大众，是通俗艺术的现代形态；而阿多诺的批评认为“大众文化”与普遍意义上的“大众”毫无关联，因此，他的批判意识可以用“文化产业”来更为明确地表达。阿多诺相信，随着资本主义的发展，电影和收音机将不再是一门艺术，而是成了一种“产业”，因而将“文化产业”作为新的一种文化现象加以界定。但随着资本和市场不断地发展与成熟，“文化产业”一词也经历了语境的扩展，“文化产业”现已被概述为一种中立性的概念，它是一种反映历史和文化的客观现象。从单纯的现象来看，是指随着大众传媒技术的发展和商品经济的发展，文化产品会与工业产品类似，利用多种技术方法，按工业生产流程和原理进行大规模生产，以货物的形式进行交易。通过标准的文化工业生产流程产出的文化产品，包括但不限于以高技术为基础的出版物，电影，电视，广播，流行音乐，音像制品，CD 光盘和 CD、DVD 光盘等。文化产业的基本含义是指在社会高度工业化、技术化和商品化的社会中，在文化领域中出现的使文化产品有明显的技术特点、把文化产品生产的复制化、批量化和商品化的产出方式。

在当代西方语境中，文化产业常被解释具有以下三种特征：第一，文化产业将文学、艺术、影视、报纸、杂志等全面推向市场，让本脱胎于艺术的它们经历生产到交换再到消费这种具有一般商品属性之物品才会经历的市场流程，这就是文化工业的一个基本特点。第二，文化产业与其他行业部门相同，都会按照市场运作的逻辑来生产产品，所以，一切都要遵循市场的规则。而资本的本质就是对最大化利益的追逐，即资本需要不停增加自我价值。20 世纪 50 年代之后，文化产业已成为西方国家现代市场经济的一种类型，其产值在其国民生产总值中占有不可小觑的比重。第三，作为一种大众传媒，文化工业具有极强的引导功能。在教育发展、民主和全面提升国家质量上具有独特的优越性，由此，一个国家的文化产业将深深地影响到这个国家普通民众的思维。

笔者认为，文化产业是指从事文化产品的生产和经营活动的行业，并以满足人民的文化需求为目的。文化产业一般具有下列特点：一是以文化内容为主体的工业，能在思想层次上对人的心理状态与个人品质产生影响；二是文化产业的发展也和其他门类的产业一样受到市场需求的驱动和影响，追求经济利益和为产品创造额外价值，且不能脱离市场经济体制而独立生存；三是在文化产业中，文化公司是作为独立的市场主体而存在的，在大规模的文化产品生产中，也需遵从市场规则来运作和经营。

（三）乡村文化产业

乡村文化产业是近几年在文化产业界中应用较多、较为流行的一个词，然而，学术界对此却缺乏一个相对的、统一的定义标准。结合乡村文化产业的实际情况，笔者认为，乡村文化产业是一个相对性的概念，一个相对于城市文化产业而言的概念，它以农民为主体，以农村文化资源为主要内容，从事文化产品的生产、文化服务的经营活动。与普通的都市文化产业相比，农村文化产业的兴起背景、创作主体、文化资源类型等都和城市文化产业存在较大差异，但也属于文化产业的研究范围，可以根据普通产业发展的运行规律来研究。近年来，乡村文化产业在农村居民共建共享下蓬勃发展，为我国建设美丽宜居乡村添砖加瓦。这加速了主要内容为体验乡村生活、乡村文化、自然风光、民俗文化的乡村旅游业的兴旺，让城市居民也能前往乡村，享受乡村文化产业振兴的成果，体验乡村文化旅游、乡村休闲娱乐、乡村工艺美术、乡村文化表演、乡村节庆服务和其他乡村文化服务业态。而城市居民对于乡村文化产业的消费也为乡村产业带来了广阔的市场，让乡村文化产业展现出良好的发展势头。乡村文化产业具体以下特点：乡村文化产业以农民为主体，通过对乡村文化资源的开发与利用，实现对乡村文化产品和服务的营销；乡村文化产业主要是对传统村落文化的开发与营销，其内容具有资源开发性与资源依赖性，区别于更加注重高科技及高投入的城市文化产业；乡村文化产业行业总体规模不大，目前市场水平也相对较低，但发展潜力较好，是一片蓝海；乡村文化产业与城镇文化产业在全面推进乡村振兴大背景下，相互带动、共同发展；乡村文化产业虽然与城镇文化产业在发展背景、经营主体、经营内容等方面存在显著差异，但同样遵从产业经营的法则，具备一般的文化工业特性。①

（四）乡村文化产业振兴

乡村文化产业振兴是全面推进乡村振兴的重要组成部分。作为一项长期性、系统性的工程，文化振兴是产业振兴、人才振兴的重要支撑。乡村振兴必须坚持文化发展理念，落实相关政策，加强人才培育，在全面推进乡村振兴的过程中，文化不能缺位。对于如何振兴乡村文化产业，我国政府曾颁布多项法律法规和文件，指出要统筹推进农村经济建设、政治建设、文化建设、社会建设、生态文明建设和党的建设，并提出要有计划地建设特色鲜明、优势突出的农业文化展示区、文化产业特色村落，发展乡村特色文化体育产业，推动乡村地区传统工艺振兴，活跃繁荣农村文化市场。产业兴旺是乡村振兴的重要基础，是解决农村一切问题的前提，并提出要促进乡村特色文化产业发展。党的十九届五中全会就曾对全面推进乡村振兴作出部署，文化和旅游部会同教育部、自然资源部、农业农村部、国家乡村振兴局、国家开发银行制定出台《关于推动文化产业赋能乡村振兴的意见》，这是对党中央、国务院相关工作部署的贯彻落实，是全面推进乡村振兴、加快农业农村现代化的必要举措。将文化产业赋能乡村振兴纳入全面推进乡村振兴整体格局，围绕文化产业重点领域，制定企业、人才、项目、用地等方面的政策举措，引导文化产业机构和工作者深入乡村对接帮扶和投资兴业，充分发挥文化产业多重功能价值和综合带动作用，助力乡村经济社会发展，实现巩固拓展脱贫攻坚成果同乡村振兴有效衔接，推动乡村产业兴旺、生态宜居、乡风文明、治理有效、生活富裕。乡村文化产业振兴的基本内容不仅包括物质上的收入、生活基础设施和社会福利的改良与提升，还包括内在文化凝聚力、创造力的壮大和提升。乡村文化产业的振兴，能为我国乡村提供持续发展的内生动力，

① 贺刘桉苒．乡村文化产业振兴中政企合作的现状与对策研究 [D]. 湘潭：湘潭大学 ,2022.

为我国“三农”问题的解决提供重要基础。党的二十大明确提出“发展乡村特色产业，拓宽农民增收致富渠道”。因此，要坚持农业农村优先发展，探讨全面推进乡村振兴新路径，落实乡村产业振兴，推动农业全面升级，农村全面进步，农民全面发展。

二、乡村文化产业的主要特征

（一）区域文化的差异性

我国乡村疆域辽阔，不同地区的气候条件、地理环境、生活方式千差万别。地域的差别使得乡村文化也有着鲜明的差异性。“一方水土养一方人”，同时孕育了一方文化。不同的地域环境和历史传承造就了各自的文化传统，并形成了各具特色的地域文化圈，如闽越文化、岭南文化、荆楚文化、巴蜀文化、陕北文化、齐鲁文化等区域文化。此外，我国是由 56 个民族组成的国家，不同的民族在历史、文化、语言、风俗上有着诸多差异，使得我国很多乡村地区都有其独特的文化传统和文化资源，由此产生了“五里不同风，十里不同俗”的文化现象。以非物质文化遗产为例，我国乡村地区民间曲艺、民间舞蹈、民间美术、民间手工艺、民歌、神话传说等种类众多。2005 年，我国就曾出台《关于加强我国非物质文化遗产保护工作的意见》，明确提出要建立国家级和省、市、县级“非遗”代表作名录体系，建立完备的“非遗”保护制度等。截至 2023 年，先后五批入选国家级非物质文化遗产名录的共有 1557 项，其中包括民间文学类 167 项、传统音乐类 189 项，传统美术类 139 项、传统舞蹈类 144 项、游艺与杂技类 109 项、传统戏剧类 171 项、曲艺类 145 项、传统医药类 23 项、传统技艺类 287 项、民俗类 183 项；先后认定了各级代表性传承人 9 万余人，其中国家级非遗代表性项目传承人 3068 名，省级非遗代表性项目传承人 16000 多名。而这些非物质文化遗产绝大部分都在乡村地区。2006 年至 2021 年，中央财政设立的国家非遗保护专项资金，累计投入资金87.9亿元①。2007年，文化部制定并颁布了《“中国民间文化艺术之乡”命名办法》，截至2018年，获得“中国民间文化艺术之乡”称号的县（市、区）、乡镇（街道）共有964个。这些文化形式在乡村地区传承至今的主要原因就是它们符合当地农民的文化认知和审美趣味。农民对这种文化形式有着天然的亲切感，它们也最能激发农民的精神活力。在具体的生产生活中，他们用本地区、本民族独特的方式来反映生活、表达情感，在一代代的传承与发展中最终形成独具特色的区域文化和民族文化。如闽南地区的游神活动、陕北地区的安塞腰鼓、东北地区的二人转、维吾尔族的肉孜节、傣族的泼水节、白族的火把节、苗族的牯藏节等都是区域文化特色的体现。就饮食文化而言，我国除了有八大菜系，各乡村地区的食品同样千差万别，其中各类食品的选材、做法、口味都体现出不同的地域特色。这也是各种“农家乐”“特色小吃”在乡村旅游中吸引顾客的重要原因。我国丰富多彩的乡村文化资源使乡村文化产业发展也同样具有明显的地域性特征，呈现出多样化的表现形式。许多乡村地区已经形成了“一地一品”或“一地多品”的产业分布形态。如在山东省，近年来乡村文化产业取得了较快的发展，各区县基于当地的特色文化资源开发，打造了潍坊风筝、临沭柳编、文登草编、曹县木雕、高密剪纸、杨家埠木版年画等在国内外都颇具知名度的文化品牌。这些地区具备生产该类文化产品所需的原材料和传承已久的传统技艺等难以复制的资源要素，使其在产业发展中占据优势地位，进而能把这些文化产品打造成为当地的代表性名片和远销国内外的知名品牌。

（二）本土资源的依赖性

任何产业的发展都要有一定的资源来保障或支撑，与城市文化产业相比，乡村文化产业具有更强的资源依赖性，这是由乡村社会经济发展的现实状况所决定的。对于乡村文化产业来说，这种资源主要体现在文化、人才、资金三个方面。其一，乡村文化产业的发展依赖于本土特色文化资源。一个地区

① 中国文旅部．文化和自然遗产日来临国家级非遗代表性项目已达1557项[N]．工人日报，2021-06-13(4).

的文化资源禀赋直接制约着该地区的文化产业布局和重点发展领域的选择。舍弃本土的文化资源优势，而去盲目模仿其他地区的发展模式，往往是以失败告终，同时造成了本土文化资源的浪费。近年来，乡村地区采摘园、美食街和特色小镇建设失败的案例比比皆是，其根本原因就是同质化严重，没有深入挖掘本土文化资源、没有凸显当地文化特色而导致吸引力缺失。因此，发展乡村文化产业需要以开发和利用本地区特色文化资源为突破口。其二，乡村文化产业的发展需要本土人才的支撑。农民不仅是农业的从业者，也是乡村文化的持有者和乡村文化产品的生产主体。民间手工艺业和乡村演艺业需要依赖本土手工艺人和文艺表演者的技艺，而乡村旅游和休闲农业也需要雇佣当地农民来生产产品或提供服务。外来人才大都只能从事创意设计、产业规划或运营管理相关的工作，作为产业基础的产品生产环节必须依赖本土人才才能完成，这也是由乡村文化产业的独特性所决定的。其三，乡村文化产业的投融资依赖于当地政府、企业和乡民。现阶段，乡村地区还没有形成完备的投融资机制，大多数乡村地区也不具备城市一样的现代化企业管理和资本运营基础。从产业发展规律来看，产业聚集是文化产业发展的重要特征，只有这样才能产生规模效应。文化产业同样倾向于在经济社会发展程度较高的城市中发展，因为乡村地区产业布局较为分散，也难以为产业发展提供持久的资金和人才支撑，所以文化产业的创业者宁愿在土地、人工、运营成本都很高的大城市投资，也不会到提供各种政策优惠，文化资源充足的乡村地区投资。因此，目前乡村文化产业的发展绝大部分投融资是依靠当地政府、企业和乡民。这种本土投融资模式得不到外界的注血，面临较大的风险，很容易出现资金链断裂的问题。

（三）产业结构的稳定性

自进入 21 世纪以来，我国乡村文化产业在行业结构上主要集中于乡村旅游、休闲农业、民间手工艺、民间演艺等行业。在未来几年内，乡村文化产业的发展重心和学术研究重点仍将集中于这些行业，并保持一定的稳定性。这是由乡村文化产业发展的资源限制和人们的消费倾向所决定的。从资源条件来看，乡村文化产业根植于农业文明积淀的历史遗迹、田园风貌和传统文化，这些资源是一个地区发展乡村文化产业的先天优势，只有充分利用这些资源，才能在市场中取得竞争优势。乡村文化产业竞争优势集中体现在民间手工艺（如竹编、木雕、石刻、剪纸、刺绣、泥塑）、乡村旅游与休闲农业（如采茶制茶、瓜果采摘、农家乐、田园综合体）、民间演艺（如赛龙舟、舞龙、秧歌、二人转、柳腔戏、安塞腰鼓）等产业形态。从消费方式来看，目前乡村地区基本的文化或精神需求主要通过广播、电视、互联网、手机、图书、文化活动室等方式得到满足。从消费者群体来看，乡村文化产业的消费者可分为两大群体，其一是乡村居民，其二是城市群体。乡村居民通过购买的形式获得文化产品或服务的能力是很有限的，乡村文化产品和服务绝大部分是用来满足城市群体的消费需求。对于城市群体来说，在城市里体验不到而乡村特有的东西才是吸引他们前来消费的根本原因。从消费层次来看，乡村文化产业的消费，既存在因区域经济状态的差异而客观呈现的消费层次的差距，也存在因消费者经济收入的不同而出现的消费层次的分野。因此，发展乡村文化产业，激活地方经济的关键就在于这些地区所提供的文化产品和服务能否满足城市消费者的需求，只有让他们满意，才能吸引更多的人来到乡村地区进行文化消费，进而推动乡村文化与经济的发展。基于以上原因，以当地文化资源为根基的乡村文化产业发展必然会保持结构的稳定性。当然，这种产业结构的稳定性是相对的。从长期发展的角度来看，乡村文化产业结构也必将会向更高级的层次演进。这种演进主要体现在产业布局、产业链条和整体趋势三个方面。在产业布局上，随着城乡一体化的持续推进和农民生活水平的不断提高，在维持原有特色文化产业优势的基础上，乡村文创、乡村研学、乡村康养、体育竞技、人才培训等产业也将逐步发展壮大。在产业链条上，乡村文化产业的上下游企业将会进一步整合，形成从规划设计到生产到流通再到售后服务的完整产业链，实现产业集聚效应，综合竞争实力明显提升。在整体趋势上，乡村文化产业的组织结构、经营模式将会更加合理，产品和服务的品质及文化、科技含量更高，也更能适应不同消费群体的需求。

（四）生产方式的多样性

城市文化产业通常是按照工业化、标准化、流水线式的生产方式大规模复制文化产品。这种生产方式曾一度被认为是界定某一行业是否归属于文化产业的重要标准，如影视产业、出版产业、工艺品业、音乐产业等均可按照此方式进行生产，故而被纳入文化产业的范畴。联合国教科文组织对文化产业的定义正是基于此，这也是法兰克福学派之所以将其称为“文化工业”的缘由。乡村地区正处于现代化、工业化进程中，其文化产品的生产不可能完全实现标准化、规模化，这就出现了规模化生产、个性化生产、半工业化生产多种生产方式并存的现象。首先，在某些现代化、工业化程度较高的乡村地区，文化产业已经有数十年的积淀和发展，很早就探索出符合市场需求的工业化复制生产的模式。许多乡村地区工艺品生产如风筝、木雕、剪纸、装饰画等已经通过标准化复制的方式实现了规模化生产，并形成了完整的产业链。规模化复制的优势在于成本低、效率高、易操作、收益快；缺点是产品市场竞争更为激烈、种类单一、粗制滥造、缺乏特色和文化内涵。其次，在经济发展较为落后，现代化、工业化程度不高的乡村地区实行的是个体化生产经营方式。小农经济固有的个体化生产经营方式一方面制约着乡村文化产业的发展，另一方面也造就了其不同于城市文化产业的个性化生产方式。还有些地区仍然采用最古老的纯手工制作的方式生产原汁原味的文化产品，如竹编、草编、刺绣、葫芦雕刻等。纯手工、个性化生产的优势在于产品稀缺、风格独特、制作精良且富有较高文化内涵；缺点是成本高、效率低、收益慢。最后，处于两者之间的是半工业化生产方式。一些乡村地区使用机械生产和手工制作相结合的半工业化方式来生产文化产品，以节约人工成本，提高生产效率。如在玉器、石刻、木雕等产品的生产过程中，首先使用电动机械切割、打磨，然后再用手工进行精细雕琢。这种生产方式在某种程度上能够平衡规模化复制和个性化生产的优缺点，在兼顾成本、效率的同时，还能够体现产品的文化特色，使产品达到较高的质量水平。半工业化生产和纯手工制作的共同点是一般以家庭或村组织为单位进行生产活动，尚未形成企业化的运营模式和组织机制，可以算作一种家庭作坊式的生产方式。多样化的生产方式是乡村文化产业发展的不同路径，不存在高低优劣之分，这也是乡村文化产业未来发展的常态。我们要考虑的是如何处理好它们之间，尤其是规模化复制和个性化生产之间的关系。

第三节　乡村振兴战略和乡村文化产业的关系

一、乡村文化产业发展为全面推进乡村振兴注入动力

（一）乡村文化产业具有经济价值，赋能产业振兴

产业兴旺是乡村振兴的五大基本要求之一。习近平总书记指出，“农业兴、百业兴”[①]。产业兴旺，归根结底就是农业生产发展的问题，只有“让农业成为有奔头的产业”，才能为乡村经济发展带来更多价值。然而，当前我国农业仍存在发展模式单一、竞争力不强等问题，发展滞后的状况尚未被根本改变，供给质量和效益有待提升。农业的重要地位决定其必须加大产业结构的转型力度，不断增强创新力、竞争力，推动农业提质增效。此外，我国许多乡村地区产业结构还不够合理，第二、第三产业所占比例仍然较低，这在一定程度上制约着产业振兴。乡村文化产业立足人文资源能够深入挖掘农业的非生产功能，推动文化资源向农业的上中下游渗透性、延伸，让更多的技术、人才、资金等发展要素流向农村，鼓足传统农业的发展后劲。另外，“由于文化产业具有强辐射性、高渗透性、耦合性等特征，这决定了文化艺术要素能够与农业技术、农产品、农耕活动以及市场需求有机融合起来”[②]，提升农业价值链的增值功能，为农业开辟新的发展空间，比如，依托田园风光，发展生态观光农业、休闲农业等；依托民俗风情，发展创意农业、体验

① 中央农村工作领导小组办公室 福建省委农村工作领导小组办公室．习近平总书记“三农”思想在福建的探索与实践 [N]. 人民日报 ,2018-01-19(1).

② 李军红．文化产业助力乡村振兴战略：机理·模式·路径 [J]. 齐鲁艺苑 ,2019(3): 110-115.

农业等。从成功的案例来看，乡村文化产业在带动农业转型方面取得了一定的成效，如浙江省宁波市滕头村，坚持以产业引领经济发展，利用水乡特色，发展生态农业、立体农业，先后被评为“首批全国文明村”和“世界十佳自然村”。同时，把丰富的乡村文化资源转化为文化产品和相关服务，可以提升乡村非农产业的比例，促进乡村地区第一、第二、第三产业融合发展。在我国许多乡村地区，因地制宜发挥乡间文化资源优势，利用民俗风情、民间工艺、历史因素、文化旅游等来发展文化产业，调整乡村产业结构，能够给产业振兴注入动力。产业兴旺发达，乡村发展才有基础，乡村文化产业发展已然成为为产业振兴聚力赋能的重要方式。

（二）乡村文化产业具有文化价值，赋能文化振兴

文化振兴是乡村振兴的灵魂工程。近年来，诸多“三农”政策落地见效，大大提高了乡村群众的物质生活条件，乡村群众越来越追求“脑袋富起来”。文化是一种重要的软实力，对人具有潜移默化的影响。乡村文化振兴，有利于乡村群众精神富裕，满足乡村群众对于美好生活的需求。乡村历来都是中华民族繁荣与发展的摇篮，是我国五千多年悠久历史和璀璨文明的发源地，数十年来，乡村虽然没有完全摆脱被现代工业化和城市化所抛弃而渐渐凋敝的命运，但它基于自然、人文等因素而建立的文化秩序依然还留存着宝贵的基因。乡村文化产业依托农耕文明等优秀文化因子发展，蕴含深厚的文化价值。在乡村文化产业的发展中，文化价值更多地体现在乡村社会生活方式的转变和村民价值观的引导上。乡村文化产业的发展吸收了大批知识型农民从事旅游业、服务业和表演艺术，培养了一批农民文化企业家、管理者、经营者，促进了农民身份的转变，不仅充实了农民的物质生活，还给农民带来精神上的解放。此外，乡村文化产业发展过程有利于实现文化资源向生产资本的转化，其所生产的文化产品虽然大部分是以物化的形式呈现，但其内在的文化价值却深刻体现在服务力、凝聚力、生产力等方面，对社会的发展具有潜移默化的影响。换言之，促进乡村文化产业发展，不仅可以促进乡村经济社会发展，还可以挖掘乡村传统文化中蕴含的优秀思想和人文精神，如在保

护农业文明、民俗、民居等文化要素方面，充分发挥其教育群众的作用，对振兴文化具有重要意义。

（三）乡村文化产业具有生态价值，赋能生态振兴

生态振兴是乡村振兴的内在要求。习近平总书记强调，良好的生态环境是最公平的公共产品，是最普惠的民生福祉。文化产业在其生产过程中能够适当减少资源消耗和环境污染，是典型的绿色经济，有利于生产“最公平的公共产品”。乡村生态振兴必然要以绿水青山为背景，打造宜居生态，实现绿色发展，这都离不开乡村文化产业发展。乡村文化产品的生产过程是文化企业将乡村自然资源和历史人文资源转化为文化服务或商品的过程，生态价值不可估量。其一，乡村文化产业深深扎根于传统农耕文化，同农业一样都是农民身边的产业。乡村文化产业在提供产品的过程中融合了乡村味道，能够提高乡村群众对本乡村自然环境、人文资源的再认识。通过发展乡村文化产业，不仅能够营造浓厚的文化氛围，熏陶农民，而且还能够增强乡村群众对乡土的环保意识，推进生态文明建设。其二，文化产业是绿色产业，环保特征突出。农村美是生态振兴最易见到的成效。在过去的农村，以发展第一产业为主，人们为了提高产量，一方面，不断毁林开荒、围湖造田，带来了一系列生态问题；另一方面，大量使用农药化肥，导致土壤流失、水质污染严重。乡村文化产业属于第三产业，其建设过程能够适当减少乡村群众对农村自然环境的开发利用。其三，生态产品的主要来源是农业，发展乡村文化产业，促进了农业和旅游业融合发展，形成新的特色产业，吸引城市居民，带动绿色消费，对于改善农村人居环境、实现传统发展模式的转型升级具有重要意义。一方水土、一方文化，乡村文化产业发展的一个重要立足点就是中华民族极具差异性的文化资源，乡村文化产业创造经济价值的同时也传播着乡村文明，这对于促进自然资源多样性、文化多样性都具有重要意义。总而言之，发展产业、传承中华优秀传统文化、保护自然资源在乡村文化产业发展的过程中是有机融合的，其经济、文化、生态等价值相得益彰，相辅相成，共同作用于乡村振兴。

二、乡村振兴战略对乡村文化产业发展提出的新要求

（一）要求弘扬优秀传统文化，发展乡村特色文化产业

乡村振兴战略强调了对优秀传统文化的弘扬和乡村特色文化产业的发展，这些要求是为了推动文化和经济的双轮驱动，从而全面推进乡村振兴。在这一战略指导下，优秀传统文化的保护和传承成为重点，通过活化优秀传统文化资源，乡村地区能够增强自身的文化自信，同时为乡村特色文化产业的发展提供独特的资源和背景。优秀传统文化的弘扬不仅是对过去文化遗产的保存，更重要的是要使这些文化在现代社会中焕发新的生命力。这包括对传统艺术、手工艺、节庆活动、乡土建筑、古村落以及各类非物质文化遗产的挖掘和创新转化。例如，通过现代营销方式将传统手工艺产品转化为市场上受欢迎的商品，同时教育和引导年轻一代学习和传承这些技艺，使得传统文化能在现代社会中持续生存和发展。发展乡村特色文化产业是实现经济效益和文化效益双重提升的关键途径。通过开发以传统文化为基础的旅游项目、文化节庆活动、乡村艺术表演等，可以大大增强乡村的吸引力，引导更多的游客和文化爱好者前来体验和消费，这不仅提升了乡村的经济收入，也为文化的传播和交流搭建了平台。同时，乡村特色文化产业的发展还包括利用当地特有的自然资源和历史背景，打造卡通文化 IP，开发特色农产品、乡村手工艺品和乡村文化 IP 产品等，这些产品因其独特性而更具市场竞争力。在推动优秀传统文化的过程中，还需注重文化与技术的融合，运用现代信息技术如互联网、大数据等手段，对优秀传统文化进行创新表达和有效传播。例如，通过数字化手段保存和展示非物质文化遗产，或者创建线上平台推广乡村文化产品，这样可以突破地域限制，使更多人能够接触和了解乡村的传统文化。同时，政府及相关部门需要提供政策支持和资金投入，为乡村文化产业的发展创造良好的外部环境。这包括制定优惠政策吸引企业和个人投资文化产业，提供文化产业发展所需的基础设施建设以及开展文化人才培训项目，提升乡村地区的文化服务能力和创新能力。乡村振兴战略中对优秀传统文化的弘扬

和乡村特色文化产业的发展，不仅可以增加乡村的文化底蕴，提升乡村居民的生活质量和文化认同，还可以通过文化和经济的相互促进，推动乡村社会经济的全面进步和可持续发展。这一过程中，每一份努力都是对乡村未来的投资，每一步发展都是对乡村振兴战略的具体实践。

（二）要求强化人才支撑，激发乡村发展活力

乡村振兴战略中强化人才支撑和激发乡村发展活力的要求是推动乡村可持续发展的关键策略。通过培养和吸引人才进入乡村或柔性融入乡村，可以显著提升乡村的创新能力和自我发展能力，从而促进经济和社会的全面进步。乡村文化产业作为乡村振兴的重要方面，其发展离不开人才的支撑。强化人才支撑首先需要改善乡村的教育环境、提升教育质量。要实现这一目标，政府和社会各界需加大投入，建立和完善乡村教育方面的基础设施，引进优质教育资源，包括高水平教师和先进的教学设施。此外，开展针对性的教育项目，如职业技术教育和成人教育，可以有效提升乡村居民的职业技能和文化素质，为乡村文化产业的发展提供人才保障。除了教育投入，政府还需制定激励政策，吸引高技能和创新型人才到乡村工作或柔性融入乡村工作。这包括提供税收减免、住房补贴、职业发展机会等优惠政策。通过这些措施，可以激励更多有能力的人才选择在乡村地区工作和生活，或者定期进入乡村服务，为乡村注入新的活力和创新思维。激发乡村发展活力还需要建立有效的人才使用和培养机制。乡村地区可以通过设立创新基地和研发中心，为人才提供实施创意和开展研究的平台。同时，通过举办各类文化活动、节庆和工艺展览等，不仅可以展示乡村文化的魅力，也能为人才提供展示自己才华的舞台，增强他们的归属感和满足感。此外，加强乡村与城市之间的交流合作，是提升乡村人才力量的另一个有效途径。通过建立城乡互动机制，如定期的人才交流项目、共同研究计划和文化交流活动，不仅可以让乡村人才学习城市先进的经验和技术，也有助于城市人才了解和参与乡村文化产业的发展，从而带动乡村文化产业的传承创新。强化人才支撑和激发乡村发展活力的策略，是实现乡村振兴战略目标的基础。通过这些措施，乡村地区能够吸引和

培养一大批具有创新能力和专业技能的人才，这些人才将成为推动乡村文化产业发展、提升乡村竞争力和实现长远发展的重要力量[①]。总之，人才是乡村振兴的宝贵资源，通过多方面的努力强化人才支撑，将极大地激发乡村的发展活力，促进乡村经济和文化的繁荣发展。

（三）要求产业深度融合，培育新产业新业态

乡村振兴战略在推动乡村文化产业发展方面，提出了产业深度融合和培育新产业新业态的新要求，旨在通过创新驱动和跨界整合，加快乡村经济的多元化发展。这种策略的核心在于打破传统产业界限，通过技术和创意的结合，激发乡村文化产业的活力和潜力，从而实现经济结构的优化升级和经济增长方式的转变。产业深度融合主要涉及将传统乡村产业与现代经济元素相结合，如将农业与旅游业、互联网、现代物流等产业结合，形成农旅融合、电商扶贫等新模式。例如，利用互联网技术推广农产品，可以拓宽销售渠道和市场，增加农民收入；同时，通过发展乡村旅游，可以更好地展示乡村文化特色，吸引城市居民体验乡村生活，进一步活跃乡村经济[②]。这种融合不仅增加了乡村产业链的长度和复杂度，还有助于提升乡村产业的整体价值和市场竞争力。培育新产业新业态是乡村振兴战略中的另一个重要方面，这要求乡村地区在维护传统文化的基础上，积极探索和发展新的商业模式和产业形态。这包括发展文化创意产业、乡村体验产业、健康养生产业等，这些产业往往能够更好地满足现代人的休闲和消费需求。例如，通过开发以乡村特色为主题的创意产品，如手工艺品、农产品深加工等，可以提升产品的附加值，同时能够吸引更多的消费者和旅游者。此外，加强科技支持也是实现产业深度融合和培育新产业新业态的关键。通过引入先进的生产和管理技术，乡村地区可以提高传统产业的生产效率和产品质量，同时也能开发出新的产品和服务，如智能农业、在线文化平台等。科技的应用不仅可以改善乡村的

① 郑莲，翟绪军．论乡村振兴主体利益共享与乡村共同富裕的有机衔接 [J]. 农业经济 ,2024(4):84-85.

②黄建红，甘思源，吕夏蒙．互动耦合：文旅融合如何助力乡村振兴——基于双螺旋模型的多案例分析 [J]. 资源开发与市场 ,2024,40(4):630-640.

基础设施和居民的生活质量，还能有效提高乡村产业的创新能力和市场竞争力。政策支持和资金投入是推动产业深度融合和培育新产业新业态不可或缺的条件。国家和地方政府需要制定相关政策，提供必要的财政支持和税收优惠，鼓励企业和个人投资乡村文化产业。同时，也需要加大对乡村创业的支持，为创业者提供培训、资金和市场对接等一系列服务，从而激发乡村经济的内生动力。总体而言，乡村振兴战略中的产业深度融合和培育新产业新业态的要求，不仅为乡村文化产业的发展开辟了新的路径，也为乡村经济的全面振兴提供了强有力的支持。通过这些措施，可以有效促进乡村经济的多样化，提升乡村的整体竞争力和吸引力，进而实现乡村与城市的良性互动和共同繁荣。

（四）要求加强基层党组织的领导，强化政策扶持引导

乡村振兴战略强调加强基层党组织的领导和强化政策扶持引导，以此确保乡村文化产业的健康发展和乡村社会的全面进步。在乡村发展中，要充分发挥基层党组织的领导核心作用，同时通过政策的优化和支持，推动乡村文化产业的转型升级和创新发展。加强基层党组织的领导意味着要提升这些组织在乡村发展中的组织力、动员力和执行力。基层党组织应当发挥战斗堡垒作用，成为推动乡村振兴的中坚力量。这包括培养一支既懂政策又熟悉乡村实际的干部队伍，这些干部能够深入了解乡村文化和经济发展的实际需求，准确传达和执行国家的方针政策，同时收集和反馈乡村的声音和需求，确保政策的实施更加贴近乡村的实际情况[①]。此外，基层党组织在乡村文化产业的发展中，还需要发挥领导和引导作用，组织开展各种文化活动，保护和传承乡村的非物质文化遗产，推广乡村的传统艺术，同时激发乡村青年对传统文化的兴趣和传承意识。通过这些活动，不仅能够丰富乡村的文化生活，也能够提升乡村文化产业的吸引力和竞争力。强化政策扶持引导是推动乡村文化产业发展的另一个关键方面。政府应制定一系列扶持政策，包括财政资助、税收减免、金融支持和人才培养等，为乡村文化产业的发展提供必要的资源

① 刘凤霞．乡村振兴背景下党支部领办合作社的实现路径[J]．农业经济,2023(6):104-105.

和条件。例如，可以通过设立专项基金支持乡村文化产业项目，为乡村艺术家和手工艺人提供资金支持，帮助他们开展创作和生产，推广乡村特色文化产品。政策扶持还应包括建设乡村文化设施，如文化馆、图书馆和艺术中心等，这些文化设施不仅能够提供文化服务，增强乡村居民的文化获得感和幸福感，也能成为展示乡村文化、吸引游客和促进文化旅游的重要平台。同时，政府还需要通过政策引导，鼓励私人和企业投资乡村文化产业，形成政府和社会资本的合作模式，共同推动乡村文化产业的繁荣发展。乡村振兴战略中加强基层党组织的领导和强化政策扶持引导的要求，旨在通过政策和组织的双重保障，确保乡村文化产业能够在传承与创新中实现可持续发展。这不仅有助于提升乡村的文化自信和文化软实力，也是实现乡村社会经济全面振兴的重要途径。

第二章　乡村文化资源的挖掘与保护

第一节　乡村文化资源的分类与特点

一、乡村文化资源的分类

（一）自然资源

1. 地理景观

乡村的自然地理景观是其文化资源中最为直观、最能体现自然美和生态价值的部分。山川的雄伟、湖泊的清澈、平原的广阔和河流的蜿蜒不仅塑造了该地区的自然环境，也影响和形成了当地居民的生活方式和文化形态。例如，山区村落常常依山而建，展示了一种适应险峻地形的居住智慧，而且这种地理环境也孕育了独特的民族文化和风俗。湖泊和河流周边的村落，则往往发展出以渔业为主的生产方式，形成丰富的水上文化和节庆活动。除自然景观外，人文地理景观同样是乡村地理景观重要的一环。传统农业地貌如梯田、灌溉系统和古老的水车不仅展示了人类智慧与自然环境的和谐共处，也反映了农业生产的历史和技术演变。这些地理景观成为连接现代与传统、城市与乡村的文化纽带，蕴含着深厚的历史和文化价值。古村落的地理位置和布局通常与其自然环境密切相关，如村落的选址往往考虑水源、土地肥沃程度及易于防御的地理因素。这种与地理环境的密切结合，不仅使村落在长期的历史发展中得以生存和繁荣，也使其建筑风格和村落布局成为研究当地历史、社会结构和生态智慧的重要窗口。乡村地理景观还包括了诸如古道、桥梁以及其他历史遗址，这些都是历史上人类活动的见证。古道不仅是古代交通的要道，也是文化交流的通道，沿途的自然景观和人文聚落共同构成了一条丰富的历史文化长廊。桥梁作为连接两地的重要设施，往往因不同的地理环境采用不同的建筑技术和风格，成为地区间文化交流与技术交流的实物证据。

2. 生物多样性

乡村地区生物多样性是指农村及其周边自然环境中生物种类的丰富性与生态系统的复杂性。这种多样性不仅包括了各种动植物，还涵盖了微生物及其生态过程。乡村生物多样性是地区文化资源的重要组成部分，它直接与农业生产、自然资源管理以及生态旅游等多方面有着紧密的联系。在乡村生物多样性中，植物资源尤为丰富，包括各类农作物、林木、草本植物及其野生近缘种。这些植物不仅是食物和经济作物的来源，也是传统医药的基础。例如，很多乡村地区依靠特有的草药资源发展形成丰富的民间治疗知识和技术。动物资源也是乡村生物多样性的一部分，从家畜到野生动物，种类繁多。乡村地区常见的家畜如牛、羊、鸡等，不仅为居民提供肉类和蛋白质来源，还在农业生产过程中扮演着重要的角色，例如牛和羊的粪便可以用作天然肥料。此外，野生动物的存在对于维护生态平衡和生物链的完整性具有不可或缺的作用。微生物多样性虽然不易被直接观察，但其在乡村生态系统中的作用极为重要。土壤中的微生物帮助分解有机物质，促进养分循环，支持农作物生长。同时，这些微生物也参与了一些生物降解过程，对环境的自净有显著影响。乡村地区的生物多样性不仅限于单一生物的多样性，还包括了各种生态系统的多样性。如湿地、草原、森林等，每种生态系统都支撑着特定的物种群落。这些生态系统的健康直接影响到地区的水资源、气候调节以及土地的肥沃度。乡村文化中，生物多样性还体现在当地居民对自然资源的传统知识和使用习惯上。许多乡村社区依托传统知识管理和利用当地生物资源，形成了一套独特的生物资源利用方式。这些知识和技术往往是世代相传，对于保护生物多样性和促进可持续发展具有重要价值。尽管乡村生物多样性具有如此多的积极作用，但在现代化进程中，这些资源面临诸多威胁。如生态环境破坏、过度开发、生物入侵等问题都严重影响生物多样性的保持。因此，了解和保护乡村地区的生物多样性，不仅是维护生态平衡的需要，更是文化和经济持续发展的基础。

（二）历史遗迹

1. 古建筑物

乡村地区的古建筑物是一个重要的文化资源，它们不仅承载了历史的记忆，也展示了地方的建筑技艺和美学观念。这些古建筑物包括庙宇、宗祠、桥梁、民居等，它们在材料的选择、设计的风格和建造技术上都具有独特性，反映了当地社会的生活方式、宗教信仰和社会结构。乡村的古建筑通常使用当地可获得的材料建造，如土、木、石等，这些自然材料的使用使得建筑与周围环境和谐统一。例如，北方的村落中常见用土坯和砖石建造的院落，而南方村落则多见木结构的建筑，这些都体现了适应本地气候和环境条件的智慧。古建筑的建造技术也是乡村文化宝贵的一部分。传统的木工技术、石雕技术和彩绘技术等在古建筑中得以保存和传承，这些技术不仅具有实用价值，更是艺术表达的一种形式。建筑装饰如雕梁画栋、飞檐翘角等，展示了较高的艺术水平和审美追求。古建筑不仅是单一建筑的展示，更是一种社会文化结构的体现。许多古建筑是为了特定的社会功能而建造的，如宗族建筑反映了家族制度的重要性，庙宇显示了宗教在农村社会中的地位。这些建筑的分布和结构，可以帮助我们了解过去乡村社会的生活方式和社会组织。此外，古建筑也是乡村故事和历史的载体。墙壁上的裂痕、屋梁上的年轮和院落中的老树，每一处都可能与一个家族的兴衰、一段乡愁的记忆相关联。通过保护和研究这些古建筑，可以挖掘出更多关于乡村历史和文化的信息。乡村古建筑的美学价值同样不容忽视。它们的设计和布局往往具有深厚的地域特色和独到的美学理念。简洁而精致的农家小屋、气势宏大的宗族祠堂，以及与自然环境融为一体的整体布局，都是对自然美和人文美的追求和表现。尽管这些古建筑物是乡村文化的重要组成部分，但在现代社会的发展进程中，其中许多古建筑面临被破坏和遗失的风险。无论是自然因素的侵蚀还是人为的破坏，都对这些珍贵的文化遗产构成了威胁。因此，关注并保护这些古建筑，不仅是对历史的尊重，也是对未来的负责。

2. 历史遗址

乡村地区的历史遗址是文化遗产的重要组成部分，这些遗址通常包括了古代村落、战场、古墓、废弃的神庙或教堂以及其他形式的历史建筑和结构。这些遗址是对过去社会生活方式、建筑技术、宗教信仰和地区发展的直观证明，为我们提供了研究历史和文化的珍贵资源。历史遗址中包含的信息极其丰富，它们可以追溯到数百甚至数千年前。通过对这些遗址的考古挖掘和研究，历史学家和考古学家能够重构古人的生活场景和社会结构，揭示人类文明的发展轨迹。例如，古代村落的布局反映了当时社会的组织形式和居住习惯，古战场则可以揭示某个历史时期的冲突和战争。除了提供历史信息，乡村的历史遗址还具有很高的教育价值。学校和教育机构可以利用这些遗址作为教学资源，帮助学生更直观地理解历史事件和文化背景。通过实地参观，学生可以更深刻地感受到历史的真实性和复杂性，增强对历史文化的认同感和尊重。历史遗址同样是旅游资源。许多乡村地区通过开发历史遗址旅游，吸引了国内外游客，不仅促进了当地经济的发展，也增强了外界对这些地区历史文化的认识和兴趣。历史遗址作为旅游目的地，提供了与众不同的文化体验和教育意义，对于促进文化交流和理解具有重要作用。同时，历史遗址也是艺术创作的灵感来源。许多作家、画家和影视制作者从这些遗址中汲取灵感，创作出反映历史主题的文学作品、画作和影视作品。这些艺术作品不仅美化和丰富了人们的生活，也帮助公众更深入地理解和感受历史。然而，乡村的历史遗址面临诸多挑战，例如自然侵蚀、人为破坏以及缺乏有效的保护措施等。这些因素都可能导致历史遗址的损坏，使得无法为后代保留这些珍贵的文化资源。总之，乡村的历史遗址是连接过去与现在的桥梁，它们不仅具有历史价值和教育意义，也是经济发展和文化传承的重要资源。通过对这些遗址的研究和适当的利用，可以更好地保存和传承人类的文化遗产，也为当代社会提供了学习和发展的机会。这些遗址是我们共同的财富，需要我们所有人共同努力保护和珍惜。

（三）传统习俗

1. 节日庆典

乡村地区的民间习俗是当地文化的核心组成部分，涉及广泛的宗教活动、仪式、节庆和传说故事，这些习俗在社区中世代传承，塑造了独特的地方文化和社会身份。民间习俗通常与农业生活密切相关，反映了人们对自然现象的理解和尊重，以及通过宗教仪式来祈求自然界的宽恕和赐福。乡村民间习俗中的神祇往往是多样化的，可以包括山神、水神、土地公等，这些神灵被认为是掌管自然和人类事务的守护者。居民们通过建立庙宇、举行祭祀活动来表达对这些神灵的崇拜和感谢，同时也是社区成员之间进行社交的重要场合。除了对自然神的崇拜，民间习俗还包括对祖先的敬仰，祖先崇拜在乡村社会中占有重要地位。家庭成员会定期为祖先举行纪念活动，通过供奉食物、烧香和祈祷来维持与祖先的联系，相信祖先能够保佑家庭成员的健康和成功。这种习俗强化了家族的凝聚力和对家族历史的尊重。乡村地区的节庆活动往往围绕民间习俗展开，不同的节日有着各自的宗教仪式和习俗。例如，春节、清明、中秋等传统节日，居民们会进行特定的祭祀活动，如放鞭炮、扫墓和吃团圆饭，这些活动不仅是对神灵和祖先的敬仰，也是传承文化和加强社区联系的方式。民间习俗还广泛存在于乡村的艺术和文学作品中，如民间故事、传说、歌谣和戏剧。这些作品通过讲述与神灵、祖先相关的故事，表达了对宇宙生命力和道德秩序的尊重。这些故事和艺术形式不仅娱乐了社区，也教育了下一代，传授了道德教育和社会规范。乡村民间习俗的形式和内容可能随地域、历史背景和社会变迁而变化，但其核心总是关于人与自然、人与神灵、人与人之间的和谐相处。这种习俗体系支撑了乡村社区的道德规范和社会秩序，帮助人们在面对生活困难和不确定性时找到心灵的慰藉和力量。尽管现代化和城市化的进程对乡村的民间习俗构成了挑战，许多传统习俗和仪式正逐渐被边缘化或忘却，但它们依然是乡村文化中不可或缺的部分，为乡村地区的文化多样性和历史深度提供了丰富的内涵。通过这些民间习俗的持续传承和实践，乡村社区不仅保持了与过去的联系，也为现代社会提供了独特的文化视角和生活智慧。

2. 民间习俗

乡村地区的节日庆典是文化传承的重要载体，这些庆典不仅是社区聚会的时刻，更是文化、传统与乡土情感交织的展现。各种节日庆典通过独特的习俗、仪式和活动，体现了乡村社区的历史背景、地域特色和社会价值观。农历新年（春节）是中国乡村地区最重要的节日之一，期间家家户户张灯结彩，进行一系列的庆祝活动，如放鞭炮、舞龙舞狮、挂灯笼和贴春联。这些习俗不仅是为了庆祝新的一年的到来，更有驱邪避凶、祈求丰收和幸福的意义。清明节是另一个重要的乡村节日，主要是纪念祖先和表达对祖先的敬仰。人们会扫墓、献花、植树，通过这些活动寄托哀思，同时利用这个机会家人团聚，加深家族成员之间的感情联系。端午节以其独特的龙舟赛和粽子成为乡村地区的标志性节日。龙舟赛不仅是体育竞技，也是群众参与的文化活动，反映了社区成员的团队精神和竞技精神。而制作和分享粽子则是对传统饮食文化的传承。中秋节是团圆的象征，家家户户观赏月亮、品尝月饼和举行团圆宴。这个节日不仅强调了家庭的重要性，也是邻里间交流感情的好机会，增进了社区内部的和谐。除了这些传统节日，许多乡村地区还会举办特有的庆典活动，如庙会、收获节和村庆。这些庆典通常包括歌舞、戏剧表演、传统手工艺展示以及地方特色小吃，不仅展示了乡村地区的文化多样性，也是居民自我表达和文化自豪感的体现。节日庆典在乡村地区具有强烈的社区参与性和包容性，无论是年轻人还是老年人，每个人都能在庆典中找到属于自己的位置和角色。通过这些活动，社区成员能够共同分享喜悦，加强社区凝聚力，也为年轻一代提供了学习和体验传统文化的机会。这些节日庆典不仅是时间的节点，更是文化和传统在现代社会中得以延续的桥梁。尽管现代化带来了生活方式的改变，但乡村节日庆典依然保持着其文化的核心和社区的活力，成为连接过去与现在，老一辈与年轻一辈的纽带。乡村节日庆典的意义远超过简单的娱乐和休闲，它们是乡村社区文化认同和传承的重要部分，是乡村生活中不可或缺的文化现象。通过这些庆典，乡村社区不仅能够保存其独特的文化特色，也能在全球化的大背景下展现出独有的地方魅力和文化自信。

（四）民间艺术

1. 手工艺品

乡村地区的手工艺品是当地文化的重要体现，包括编织、陶瓷、木工、金属工艺以及各种传统的纺织技术。这些手工艺品不仅具有实用性，更是艺术表达和文化传承的载体。手工艺人利用传统技艺和当地可得的材料，创造出具有地方特色的艺术品，这些作品在市场上往往具有独特的文化价值和商业潜力。在编织方面，乡村手工艺人常用竹子、藤条、棉花或羊毛等天然材料，制作篮子、帽子、地毯和其他装饰品。这些编织品不仅在乡村生活中被广泛使用，也逐渐成为城市居民青睐的自然生活元素。编织技艺的细致和复杂程度反映了工艺人的技能和对美的追求。陶瓷是另一种重要的乡村手工艺品，不同地区的陶瓷在泥土的选择、制作工艺和装饰风格上各有特色。乡村陶艺通常保持着传统的制作方式，如手工拉坯、木模压制以及釉下彩绘，制作出的陶器既保留了原始的美感，也蕴含了深厚的文化内涵。木工艺也是乡村手工艺中的精华部分，包括家具制作、雕刻以及建筑装饰。传统木工技艺不仅讲究木材的选择，还强调整体设计和细节处理的和谐统一。通过复杂的榫卯结构和精美的雕花，木工艺品展现了工艺人对材料的深刻理解和技术的精湛。金属工艺在乡村文化中同样占据重要位置，历史悠久的铁匠技术使得铁器在乡村生活中无处不在，从农具到生活用品，再到装饰艺术品。铁匠们通过火焰和锤子的传统锻造技术，创造出既坚固实用又具有艺术价值的金属制品。纺织则是乡村手工艺中最为人熟知的一部分，包括织布、染色和刺绣。利用当地产的棉花、麻或羊毛，工艺人通过手工或传统的织机织出各种布料。织物上常见的图案和颜色不仅反映了当地自然环境的特点，也表达了制作者的审美观和文化信仰。通过复杂的手工刺绣和染色技术，纺织品在视觉和触感上都给人以深刻印象。乡村手工艺品不仅是工艺人个人技能的体现，更是整个社区文化认同和自豪感的源泉。这些手工艺品经常在地方节庆、市集以及通过现代的电子商务平台被展示和销售，成为连接传统乡村文化与全球市场的桥梁。虽然面临现代化生产方式的竞争，乡村手工艺品依然因其独特的文化价值和艺术美感而受到人们的尊重和喜爱。总的来说，乡村手工艺品是乡村文化资源中不可或缺的一部分，它们不仅展现了乡村地区的历史和文化，也是现代社会中推动可持续发展和文化多样性的重要元素。通过持续的传承和创新，这些手工艺品将继续在全球化的背景下展示其独特魅力和价值。

2. 表演艺术

乡村地区的表演艺术是传统文化与当地生活紧密结合的生动展现，包括各种传统戏剧、舞蹈、音乐以及口头表达艺术如说书和唱诗。这些表演形式在乡村社区中扮演着重要角色，不仅为居民提供娱乐和教育，也是社区凝聚力和文化认同的重要来源。传统戏剧在乡村文化中占据特别的位置，如京剧、越剧、豫剧等，这些戏剧形式通过唱、念、做、打的表演技艺，讲述古代故事或反映社会现实，不仅娱乐观众，也传递道德教育和文化价值。在许多乡村地区，戏剧演出常常与重要的节日或庆典活动相结合，成为社区生活的一部分。舞蹈作为一种古老的表达方式，在乡村社区同样极具影响力。民间舞蹈如秧歌、龙舞、狮舞等，往往围绕农业生活、历史事件和神话故事进行编排，通过舞者的身体语言和节奏感展现乡村文化的独特风貌。这些舞蹈不仅在各类节庆中表演，也作为社区聚会的重要活动，加深了村民间的相互理解和联系。音乐是乡村表演艺术中不可或缺的组成部分，包括民歌、吹奏乐器和即兴表演等形式。乡村音乐通常植根于当地的历史和自然环境，反映农民的生活感受和情感表达。这些音乐作品通过简单的乐器和朴实的歌词，传达出深刻的情感和生活哲学，也是村民间交流和传承文化的桥梁。口头艺术如说书、评书和唱诗等，在乡村文化中扮演着故事传递者的角色。通过一位说书人或诗人的表演，古老的故事和当代的社会事件得以口耳相传，丰富了乡村居民的精神世界并加强了文化的连续性。这些表演形式不仅保存了大量的历史和文学资源，也为乡村地区的文化生活增加了活力和深度。乡村表演艺术的保存与传承面临诸多挑战，尤其是在现代化和城市化的影响下，传统表演艺术有逐渐被边缘化的风险。然而，这些艺术形式因其深厚的文化根基和独特的表现力，依然在乡村社区中占有不可替代的地位。它们不仅是历史的见证，也是现代社会连接过去和未来的纽带，通过不断的演绎和创新，乡村表演艺术持续为当地乃至全国的文化贡献着宝贵的资产。

（五）语言与口述传统

1. 方言

乡村文化资源是一个多样化的体系，其中方言作为一种独特的文化现象，占据着非常重要的地位。方言不仅是语言的一种变体，更是地区文化、历史和社会习俗的直接反映。在许多乡村地区，方言不仅是日常交流的工具，更是一种文化的传承方式，承载着丰富的地方文化特色和历史信息。方言的保存状态直接关系一个地区文化身份的认同。在全球化快速发展的今天，许多乡村地区的方言面临巨大的消亡压力。年轻一代由于教育和工作的需要，越来越多地使用普通话或英语，地方方言使用频率逐渐降低。这种现象虽然在一定程度上促进了语言的统一和沟通的便捷，但也使得许多独特的地方语言文化逐渐边缘化，甚至面临消失的风险。方言的独特性在于它的地域性强，不同的乡村地区，方言各有千秋。例如，中国的各个乡村，方言差异极大，这些方言不仅在语音、词汇上有差异，在语法结构上也各不相同。这种差异性是长期地理分隔和各自独立的文化发展所造成的，它们反映了各个地区的历史变迁、移民模式，甚至是古老的民族迁徙历史。方言的保存和传承有赖于地方社区的共同努力。一些乡村地区已经意识到方言的重要价值，开始采取措施进行保护和复兴。这包括在学校教育中加入方言学习，举办方言文化节等文化活动以及通过新媒体平台记录和传播方言内容。这些努力不仅是对语言的保存，更是对一种地区文化认同的强化。然而，方言的保护和传承面临不少挑战。现代化的生活方式和全球化的影响使得年轻一代对方言的兴趣减少。此外，经济发展的不平衡也使得一些乡村地区的居民为了生计不得不迁移到城市工作，这种人口的流动进一步加剧了方言的衰退。尽管面临挑战，方言作为乡村文化资源的一个重要组成部分，其价值在于它提供了一个视角，让我们能够理解和欣赏到一个地区的文化多样性和历史深度。方言不仅是一种工具，更是一座桥梁，连接过去与现在，联结老一辈与年轻一代。通过对乡村方言的研究和保存，我们可以更深入地探索和理解人类语言的多样性和复杂性。这不仅有助于增进地区内部的文化自觉和自豪感，也促使更多的人认识到语言多样性的重要性。方言的持续存在证明了文化和历史的持久力，提醒我们在快速变化的世界中，保留那些独特而珍贵的文化遗产的重要性。总的来说，方言作为乡村文化资源的一部分，其保护和传承不仅有助于维护文化多样性，也是对人类历史和社会生活多样性的一种肯定。在全球化的大背景下，我们应当更加重视对方言的研究和保护，以确保这些珍贵的文化资产能够得到传承和发扬光大。

2. 口头传说

乡村文化资源中，口头传说是一种丰富而独特的文化遗产，它通过世代相传的故事、传说、歌谣和谚语等形式，展现了一个地区的历史、信仰和生活方式。这些故事和传说往往口耳相传，形成了独特的文化符号和社区认同。口头传说不仅保存了乡村社会的历史和文化信息，还反映了人们对自然环境、社会关系和宇宙观的理解。在许多乡村地区，口头传说是社区成员共同记忆的一部分，它们在节日庆典、家庭聚会或日常交流中被讲述和演绎。这些故事往往包含了道德教育的元素，通过讲述英雄事迹、神奇事件或教训故事，传授社会规范和价值观。例如，一些故事通过描绘正义与邪恶的斗争，表达了对正义的崇高追求和对邪恶的坚决抵制。口头传说的内容广泛且多样，从神话、传奇到民间故事和历史记忆，每一个故事都是对过去的回顾和对现实的反思。这些故事在不断的讲述中演化和丰富，形成了独特的文化表达方式。在某些乡村地区，特定的口头传说还与当地的自然景观和历史事件紧密相关，成为地方身份和文化传统的象征。口头传说主要依靠口耳相传，这种传播方式使得故事在流传过程中具有极高的适应性和变异性。故事的内容和形式会根据讲述者的个人经验和听众的反应进行调整，使得每次讲述都有可能产生新的版本。这种灵活的传播特性不仅使口头传说得以广泛流传，也使其能够不断更新和适应时代的变迁。虽然口头传说在乡村文化中占有重要位置，但在现代化和数字化的影响下，这种传统的文化传播方式正面临挑战。年轻一代可能更多地接触电子媒介和书面文化，传统的口头文化逐渐被边缘化。尽管如此，口头传说仍然是连接过去和现在的桥梁，是文化认同和记忆的重要载体。为了保存这种独特的文化遗产，一些社区和学者开始运用现代技术来记录和整理口头传说。通过录音和视频记录，将这些故事保存在数字化媒体中，可以确保它们不会随着时间的流逝而消失。此外，这些记录也为研究者提供了研究语言、文化和社会结构的珍贵资料。口头传说不仅是娱乐的手段，还是文化传承和社区凝聚的重要形式。通过故事，社区成员可以共享共同的历史和价值观，增强归属感和社区意识。在全球化和城市化的大背景下，保持和弘扬乡村的口头传说，不仅有助于保护文化多样性，也是对人类共同记忆的一种尊重和传承。总之，口头传说作为乡村文化资源的一部分，其保护和发展不仅是文化自身的需要，也是全社会对历史和文化多样性的责任。

二、乡村文化资源的特点

（一）独特性

每一个乡村地区都有其特有的文化表现形式，这些文化形式可能是语言、方言、风俗习惯、节日庆典、传统技艺、口头传说或是特定的生活方式。这些独特的文化资源形成了乡村地区不可复制的文化身份和社区自豪感。独特性的形成往往与乡村地区的自然环境和历史条件紧密相关。自然环境如山脉、河流、海洋等自然屏障，限制了外部文化的侵入，使得乡村地区能够保持其文化的原始特色。同时，这些自然条件也为乡村地区提供了独特的生产方式和生活方式，如特定的农耕方式、渔猎技术和食物采集方法，这些都深深影响着乡村社区的文化形态。历史条件也对乡村文化资源的独特性产生了重要影响。历史上的移民潮、战争、贸易等事件，使得不同文化元素在某些乡村地区交融或是孤立发展，形成了具有地方特色的文化现象。例如，一些乡村可能会保留古老的节日庆祝方式或独具特色的建筑风格，这些都是历史沉淀的结果。乡村文化资源的独特性不仅体现在具体的文化元素上，更体现在这些文化资源承载的意义上。乡村社区的文化资源常常与社区成员的身份认同、价值观念和生活哲学紧密相关。这种文化资源是社区成员的共同记忆和历史经验的体现，它们在日常生活中被重复强调和演绎，成为维系社区内部联系和传递代际记忆的重要工具。此外，乡村文化资源的独特性还表现在其对外界变化的适应性和抵抗性上。虽然全球化和现代化给乡村地区带来了许多外来文化元素，但许多乡村地区依然保持着其文化的独立性和完整性。这种独特性使得乡村文化资源在全球化的大背景下显示出了特殊的价值和意义，它们不仅是文化多样性的重要体现，也是全人类共同文化遗产的重要组成部分。乡村文化资源的独特性是其不可替代的价值所在。正是这些独特的文化资源构成了乡村地区丰富多彩的文化景观，吸引了不少研究者和游客前来探索和体验。这些独特的文化表现形式不仅加深了人们对特定地区文化的理解和尊重，也促进了地区间的文化交流和相互学习。尽管乡村文化资源面临诸多保护和传承的挑战，但其独特的文化价值和意义是不容忽视的。未来，如何保护并合理利用这些独特的乡村文化资源，将是一个值得深入探讨的重要课题。

（二）传承性

乡村文化资源作为一个地区文化传承与发展的重要基石，其突出的特点之一就是传承性。传承性不仅是对乡村文化资源自身的描述，也是对其生存和发展方式的概括。这种传承性使乡村文化能够穿越时空的隔阂，持续影响一代又一代人。乡村文化的传承性首先体现在文化形式上。无论是民间歌谣、传统节日，还是农耕文化等，这些文化形式都是历代传下来的，每一种形式都承载着深厚的历史和文化价值。例如，春节、中秋节等传统节日不仅是农历的重要节点，更是家人团聚、表达情感的时刻，这些节日的庆祝方式和仪式随着时间的推移而逐渐丰富和发展，但其核心的文化意义和传统方式得以保留。其次，乡村文化的传承性也体现在技艺传承上。许多乡村地区拥有独特的手工艺技术，如编织、陶瓷制作、木工艺等。这些技艺往往由老一辈向年轻一辈传授，不仅是技能的传递，更是一种生活智慧和哲学的传承。例如，制陶不仅需要掌握泥土的性质和烧制技巧，更蕴含着对自然的感悟和对生命态度的理解。再次，乡村文化的传承性在于口头传播和非物质文化遗产的保护。口头传播如神话、传说、民间故事等，这些故事经过口耳相传，成为村落共有的记忆。非物质文化遗产如各类舞蹈、乐器演奏等，其传承方式也大都依靠师徒制或家族内部的学习。这种传承方式确保了文化的连续性和稳定性，也使文化在传承中得到创新和发展。最后，乡村文化的传承性还体现在生活习惯和社会规范上。乡村社会的日常生活习惯、礼仪规范等，这些看似普通的行为准则实际上是长时间社会实践的产物，是对乡村社会秩序和人际关系的一种无声调节。例如，农事活动的季节性安排、婚丧嫁娶的礼仪程序等，都是文化传承的具体表现。乡村文化的传承性是其最宝贵的特征之一。它不仅使文化得以保存，更为乡村社会的可持续发展提供了根基和灵魂。这种根植于乡村生活的文化，随着社会的发展而展现出更加丰富和多样的面貌，也需要现代社会的关注和保护，以便更好地传承和发扬光大，让乡村文化的魅力能够继续照亮未来的路程。

（三）多样性

乡村文化资源展现出极其丰富的多样性，这种多样性不仅是文化自身的一种展示，也是地理、历史、社会等多因素综合作用的结果。乡村地区因地理环境和历史背景的不同，孕育出各式各样的文化现象，包括方言、民俗、手工艺、建筑风格、风俗习惯等，这些文化的多样性为乡村地区的文化资源带来了独特的魅力和价值。乡村方言作为文化多样性的一个重要方面，不仅是语言的差异，更是一种文化、历史的沉淀。不同乡村地区的方言差异显著，这些方言往往包含了许多古老词汇和独特的表达方式，是研究古代语言和文化的重要窗口。同时，方言中还蕴含着当地人的生活智慧和社会经验，是文化传承的重要载体。民俗活动则展示了乡村文化的多样性和地域特色。每个乡村都有其独特的节日和庆典活动，这些活动往往与农业生产密切相关，如播种节、丰收节等，反映了农业社会对自然环境的依赖和敬畏。此外，不同地区的传统节日如龙舟节、火把节等，也各有其独特的文化内涵和庆祝方式，这些多样化的民俗活动不仅增强了社区的凝聚力，也为文化的传承提供了场所和机会。手工艺是乡村文化多样性的另一个重要体现。不同地区的手工艺品如陶瓷、织锦、木雕等，每一种工艺品都承载着丰富的地域标识和文化意义。这些手工艺品不仅是实用物品，更是艺术品，反映了工匠的技艺和审美。

手工艺的多样性不仅体现在制作技巧上，也体现在使用材料和文化寓意上，是连接过去与现在、乡村与城市的桥梁。建筑风格的多样性也是乡村文化的一个显著特点。不同地区的气候、地形条件影响了建筑材料的选择和建筑风格的形成。例如，北方乡村常见的砖瓦房、南方的竹楼，这些建筑不仅适应了各自的自然环境，也融入了地区文化的特色。建筑的样式和布局反映了乡村社会的生活习惯和社会结构，是研究乡村文化的重要维度。风俗习惯更是乡村文化多样性的体现。各个乡村地区根据其生活环境和历史背景，形成了一套套独特的生活习惯和行为规范。这些风俗习惯不仅影响着村民的日常生活，也在一定程度上塑造了村民的性格和价值观。通过研究不同乡村的风俗习惯，可以深入了解乡村社会的内在逻辑和文化特性。总之，乡村文化资源的多样性是其宝贵的特征之一，它不仅展示了乡村地区文化的丰富性和独特性，也为文化的传承和发展提供了广阔的空间。这种多样性需要得到认识和尊重，因为它不仅关系文化遗产的保护，更关系乡村地区人民的身份认同和未来发展。

（四）脆弱性

乡村文化资源的脆弱性是其最显著的特点之一，体现在文化存续的不稳定性和易受外界影响的高敏感度上。这种脆弱性源于多方面，包括经济发展的冲击、生态环境的变迁、社会结构的转变以及全球化的压力等。经济发展尤其是工业化和城市化的进程对乡村文化资源构成了巨大威胁。随着经济的快速发展，许多乡村地区面临人口外流到城市的问题，特别是年轻一代的大量迁移导致乡村地区劳动力和文化传承者的流失。这种人口结构的变化直接影响乡村文化活动的持续性和文化技艺的传承，许多传统技艺和习俗因缺乏传承者而逐渐被边缘化甚至消失。生态环境的变化也是影响乡村文化脆弱性的一个重要因素。乡村文化在很大程度上依赖于特定的自然环境和生态系统，如农业节日与农作物生长周期密切相关。然而，随着气候变化和环境退化，传统的农业生产模式受到影响，相应的文化活动也难以为继。此外，自然环境的破坏如水土流失、森林砍伐等，直接破坏了乡村的物质文化基础，使得相关的文化表达和活动无法持续。社会结构的转变，尤其是教育体制和生活方式的现代化，亦对乡村文化资源的脆弱性产生了深远的影响。现代教育体制往往忽略地方文化的教育，导致年轻一代对本土文化的认知和价值感有限。随着现代生活方式的普及，传统的生活方式和文化习俗被现代化的生活方式所替代，如传统节庆活动被现代娱乐形式所取代，导致传统文化难以在日常生活中得到体现和传承。全球化带来的文化同质化压力也是乡村文化资源脆弱性的一个来源。全球化促进了跨国界的文化交流，但同时也带来了强势外来文化对本土文化的冲击。特别是商业化和媒体的普及，使得西方文化成为主流，中国本土乡村文化资源在这样的背景下显得尤为脆弱，易被边缘化和同质化。乡村文化的脆弱性使得这些文化资源需要更多的关注和保护。虽然面临多方面的挑战，但乡村文化的独特价值和意义仍然不容忽视。这些文化不仅是历史的见证，也是现代社会多元文化体系中不可或缺的组成部分。面对脆弱性，乡村文化资源的保护和传承显得尤为重要，不仅为了保护文化多样性，也为了维护社会的文化平衡和历史连续性。

第二节　乡村文化资源的挖掘与开发策略

一、调查与评估

（一）乡村文化资源调查

乡村文化资源的调查与评估是一项系统性的工作，旨在全面了解乡村文化资产的种类、分布、特点及其潜在价值。这一过程涉及多个步骤，包括前期准备、数据收集、数据分析及评估报告的编制。在进行乡村文化资源调查之前，需要明确调查的目标和范围，这包括确定要调查的地区、文化资源的种类（如物质文化遗产、非物质文化遗产、自然景观、社会习俗等）。同时，制订详细的调查计划，包括调查时间、人员配置和所需的技术与工具。调查团队通常由文化、历史、社会学、地理及相关专业的专家组成，他们将利用专业知识来确保数据的准确性和全面性。数据收集是调查过程中的核心部分。调查团队需深入乡村地区，通过实地考察、口头访问、文献资料收集等多种方式，收集有关乡村文化资源的原始数据。实地考察可以让调查人员直接观察并记录文化资源的现状和使用情况；口头访问则可以了解当地居民对这些文化资源的看法和传承情况，特别是对非物质文化遗产的传承方式和变迁；同时，历史文献的收集有助于理解乡村文化资源的历史背景和演变过程。数据分析阶段，调查团队需对收集到的数据进行整理和分析。这包括对文化资源的分类、评估其历史和艺术价值、确定保护的优先级以及评估其对当地经济和社会发展的潜在贡献。此外，分析中还应注意识别那些濒临失传或被破坏的文化资源，这些是急需保护和振兴的重点。最后一步是编制调查评估报告，这不仅总结调查结果，而且还提出针对发现的文化资源的保护和开发建议。报告应详尽展示调查数据和分析过程，清晰地标示出每一项文化资源的位置、价值以及需要采取的保护措施。此报告将作为地方政府或文化部门制订文化资源保护和开发策略的依据。通过这种系统的调查与评估，不仅可以有效地记录和保存乡村地区丰富的文化遗产，还能为文化资源的可持续利用提供科学的支持和建议，从而促进乡村地区的文化复兴和社会的经济发展。

（二）乡村文化资源评估

乡村文化资源评估是一个系统性的分析过程，旨在全面理解乡村地区文化资产的价值与现状，以便为其保护和合理开发提供依据。这个过程涉及对乡村文化资源的分类、价值判断、现状评估和潜在影响分析。评估开始前需确立明确的评估标准和方法。这通常包括对文化资源的历史价值、艺术价值、社会价值和经济价值进行评价。历史价值关注资源的年代及其在历史发展中的地位与作用；艺术价值评估其美学特性和艺术表现形式；社会价值分析文化资源在当地社区中的意义、传承和社会凝聚力作用；经济价值则考察这些资源转化为旅游、教育等经济活动的潜力。评估方法包括定性分析与定量分析的结合。定性分析侧重于文化资源的非物质价值评估，如通过专家访谈、社区问卷调查和参与观察来收集数据。这些方法有助于理解资源的社会文化背景和地位。定量分析则可能涉及访客调查数据、经济收益分析等，以数字化形式展现文化资源的经济潜力。在数据收集过程中，需组织专业团队深入乡村进行实地考察，记录文化资源的现状，如保存条件、受威胁程度及利用情况等。同时，收集当地居民和文化工作者的意见，了解他们对文化资源的看法和需求。这些第一手数据对于准确评估文化资源的现状和价值至关重要。数据分析后，需综合评估文化资源的保护优先级和开发潜力。这涉及将文化资源按照保护紧迫性、开发难度和社会经济效益进行排序。对于具有较高历史和艺术价值但状况脆弱的文化资源，应优先考虑保护措施；对于具有较高社会参与度和经济潜力的资源，则可以考虑适度的开发策略，如建设乡村文化体验区、开展文化旅游等。整个评估过程应确保透明和公正，充分考虑当地社区的意见和利益。通过发布评估报告和组织公开讨论会，可以提高社区对评估过程和结果的接受度和参与度。最终，这一评估不仅能为乡村文化资源的保护和利用提供科学依据，也有助于提升乡村文化的整体价值和影响力，促进乡村文化的可持续发展和地区社会经济的和谐发展。

二、保护与修复

（一）乡村文化资源的保护

乡村文化资源的保护需要综合施策，以确保这些独特的文化符号和传统能够世代保留，并持续产生经济和社会价值。首先要进行全面的乡村文化资源普查，识别当地存在的文化元素，从建筑、手工艺品、节庆活动到民间故事与语言，确保无一遗漏。在这一步骤中，需要借助地方社区的知识和经验，汇集并分类记录这些文化资源，形成完整的数据库，确保我们对这些资源有全面了解。在全面了解的基础上制定明确的保护标准，并与相关机构和社区成员共同讨论，确保标准既符合保护原则，又能与地方的实际情况相适应。这些标准应包括对建筑遗产、手工艺、非物质文化遗产和自然景观的保护策略，确保能够为不同类型的文化资源提供适当的保护方法。与此同时，需要在村镇设立文化管理机构，具体负责监督和指导文化资源保护的执行，确保各项保护措施得到全面落实。教育和宣传也是不可或缺的环节，通过在当地学校开设相关课程、举办展览和知识讲座，可以提高社区成员的文化保护意识，让他们了解到保护文化资源的重要性和潜在的经济与社会价值。社区成员的广泛参与对文化资源的保护具有重要意义，因为他们不仅是文化资源的承载者，也可能是未来开展文化创新和传播的重要推动者。此外，鼓励当地居民和游客共同参与文化活动，并在其中体验传统手工艺、节庆和自然景观。这种参与能够在增进公众对文化资源的认识与理解的同时，产生新的经济价值，进一步激励当地社区参与保护行动，并提供新的发展动力。在组织这些活动时，要确保它们不会对原有的文化资源造成破坏或过度商业化，保持文化活动的真实性和独特性。与此相关的是，地方政府需要为文化资源的保护和利用提供财务支持，出台相关的税收优惠和补贴政策，吸引企业和社会组织加入保护行列。这种合作可以采取多种形式，如联合举办文化活动、设立基金、开发与文化相关的产品和旅游项目等。这一系列举措的最终目标是形成可持续的商业模式，让文化资源的保护既有利于经济增长，也能够不断吸引社会各界的关注。在制定和执行保护措施时，要及时进行评估，根据实际情况及时进行调整和优化。需要充分考虑社会、文化、经济和环境的变化因素，让保护策略保持灵活性，以应对新出现的问题和挑战。对文化资源的保护是一项长期工程，需要持续地关注和投入，不断加强与社区、政府、企业的合作，才能让这些珍贵的文化资源发扬光大，为乡村的繁荣和振兴注入新的活力。

（二）乡村文化资源的修复

乡村文化资源的修复在保护与开发过程中起着关键作用。乡村文化资源包括建筑、传统工艺、音乐、舞蹈、习俗、语言等，这些都需要通过精心规划和执行来进行修复。首先要进行资源的普查与评估，全面了解乡村文化资源的现状，并建立一个分类详细的数据库，将建筑、手工艺、非物质文化遗产等各个方面纳入其中。详细的记录能够帮助更好地制定修复策略，让每一种资源得到应有的关注。建筑遗产是最直观的文化资源，也是修复工作的核心。在修复过程中，要聘请有经验的传统工匠或经过专业培训的团队，按照原有的建造工艺与风格进行修复。需要确保使用的材料与传统相匹配，如木材、砖石或瓦片等。修复时不能破坏原有建筑的风格与结构，同时需要采取必要的加固措施，提高建筑的抗震和防火性能。在修复完成后，应及时设置展示牌，向公众传达建筑背后的历史和文化意义。手工艺品与传统工艺同样需要精心修复和传承。传统工艺多依赖手工操作，部分技艺已经濒临失传。应组织专家团队与当地工匠合作，通过口述历史与实物展示，重建传统技艺流程并记录详细的工艺数据。可以开设培训班，将这类传统技艺教授给下一代工匠，并通过社交媒体和传统媒体进行宣传，让更多人了解和欣赏这些珍贵的技艺。同时，为工匠提供补助或市场支持，使其专注于复兴与创新传统工艺，恢复或发展出新的手工艺产品，满足现代消费者的需求。音乐、舞蹈、习俗等非物质文化遗产需要通过与当地社区合作进行修复。首先，组织社区居民中的文化传承人，举办交流活动，收集并记录各类民间故事、歌谣、舞蹈动作等。为保留其完整性和原真性，应在修复过程中以传承人的叙述为主，将各类资料进行分类汇总，并在社区活动中重现这些表演。在修复的基础上，通过节庆活动、展览或演出等方式推广非物质文化遗产，让更多人参与其中并体验其独特魅力，激发年轻一代的兴趣。对于乡村语言和方言的修复，应通过文本与录音双重方式进行记录和保存。需要与语言学者和本地居民合作，收集不同场景中的常用词汇与表达，并将这些资料整理成语法书、词典等文字形式，确保方言的准确记录。通过与学校合作，将方言作为课外课程教授给学生，制作纪录片、广播节目等方式进行推广，让乡村语言在现代社会中得到更多关注和传承。在修复过程中，地方政府、社区和相关专家的合作十分重要。政府提供政策和资金支持，社区提供文化资源与知识，专家团队制定详细的修复规划。各方共同努力，以可持续的方式复兴乡村文化资源，使其在当代社会焕发新生机，同时为乡村发展和经济繁荣提供动力与灵感。

三、挖掘与展示

（一）乡村文化资源的挖掘

乡村文化资源的挖掘是一项全面而精细的工作，需从建筑、工艺、艺术、语言、习俗等各个方面进行深入探索。为了确保挖掘的资源具有可行性和代表性，首先需要建立一支专业团队，包括历史学者、考古专家、语言学者以及传统工艺和非物质文化遗产的研究人员。这支团队的主要任务是对乡村的文化现状进行全面调查，确定哪些资源值得深入挖掘，并与当地居民密切合作，获取丰富且具有代表性的资料。在建筑方面，团队需实地走访乡村的每一个角落，将古建筑、老宅、宗祠、庙宇等传统建筑列入考察范围，拍摄详细的图片、视频并记录建筑的设计特点、建筑工艺和材料等。同时，收集关于这些建筑的故事和传说，为建筑物赋予更多人文色彩。在此基础上，编制一份详细的建筑遗产名录，为未来的保护和修复提供依据。工艺与手工艺方面，需要走访乡村的手工艺人和老工匠，观察他们日常的工作流程，并记录与特定工艺相关的工具、材料和技法。可以通过访谈和现场记录，深入了解每个工艺的历史渊源和演变过程，将这些信息以视频、文字和实物样品的方式保存下来。组织社区成员学习这些工艺，并鼓励年轻一代将传统技艺与现代审美相结合，创新开发手工艺产品，确保这些技艺得以延续。在艺术方面，村镇可能有民间音乐、舞蹈、戏剧等非物质文化遗产。通过采访村民和查阅地方文献，团队可以找到传统艺术表演的线索。对艺术形式的挖掘应包括其音乐乐器、舞蹈动作和表演服装等细节部分。并尽可能组织一次完整的复原表演，录制并保存影像资料，为其在社区中的传播与传承提供素材。语言和方言作为乡村文化的重要组成部分，需要通过多种途径进行挖掘和保存。调查团队需走访老年居民，记录他们的口述历史和方言表达，并对日常交流中的常用语、谚语、俚语进行记录。同时，将这些方言与标准语言进行比较，制作词典或语法书，形成一套完整的方言资料库。可以通过广播、视频或出版物的方式传播，让更多人了解和学习乡村的方言与文化。在习俗和节庆活动的挖掘上，调查团队要充分依靠村民的记忆与经验。通过组织座谈会、访谈和实地观察，团队可以了解到当地的传统节庆、宗教仪式、婚丧嫁娶等习俗的细节与变化。将这些信息编写成详细的活动指南，展示其起源和意义，并制订可行的计划来恢复并推广这些传统活动，使其焕发新的生机，吸引更多人参与其中。挖掘乡村文化资源的核心目标是为保护和开发提供坚实的数据与资料基础，同时让当地居民认识到自身文化的价值，激发他们对自身文化的自豪感与责任心。通过多方协作，既能形成完整的文化资源数据库，又能为乡村振兴注入新的动力。

（二）乡村文化资源的展示

乡村文化资源的展示是连接挖掘和开发的重要环节，直接影响公众对乡村文化的认知与欣赏。首先，要对展示的目标群体进行详细分析，包括本地居民、外地游客、文化研究者和投资者等，制定多层次的展示策略，确保各类群体都能在展示中获得积极体验并产生互动。在展示方式上，创建乡村文化博物馆是一个关键的举措，可以通过实物展示、文字解说和多媒体手段，呈现乡村的建筑、手工艺、节庆、语言等多种文化资源。每个展区应有详细的历史背景介绍，将展示内容置于特定的文化脉络中。提供互动环节，如传统手工艺品制作体验、方言学习课、节庆活动模拟等，让参观者亲身参与、感受乡村文化的独特魅力。对博物馆的设计要充分利用本地建筑风格，保证建筑与展示内容相得益彰，增强整体体验。户外展示也是必不可少的，特别是针对乡村建筑和自然景观。可以建立一条贯穿村镇的文化旅游线路，将古建筑、手工艺坊、自然景观和民俗活动串联起来，让游客沿路参观并参与各类文化体验。每个景点都设置详细的解说牌，并有专业的导游提供解说服务。对一些古老的建筑，开放特定区域供游客参观，在保证建筑安全的基础上进行适度的修复和维护。乡村节庆活动可以成为展示的重要窗口，将传统节庆与现代表演艺术相结合，吸引更多人参与并传播。在活动期间，布置手工艺品展销摊位、方言讲座、传统音乐和舞蹈表演等，使整个村镇充满节日气氛。为保证节庆的真实性与吸引力，要充分利用本地居民的传统知识，确保活动的举办方式尊重原有文化背景，并适当加入创新元素，形成具有鲜明特色的文化品牌。同时，应充分利用数字技术，通过建设线上展示平台，将乡村文化资源通过图片、视频、虚拟现实等形式呈现给全球观众。创建乡村文化数据库，展示传统工艺、非物质文化遗产、建筑等各类资源，并提供多语言版本以扩大国际影响力。通过社交媒体推广线上资源，发布宣传片、直播活动等，吸引更多人关注乡村文化并分享其独特之处。组织文化研讨会和工作坊，将乡村文化展示与学术研究相结合，邀请国内外学者、艺术家和文化爱好者进行交流探讨。可以通过研究报告、艺术作品等方式展示乡村文化的丰富性与独特性，增强对外传播的影响力。同时，举办传统工艺技能比赛、摄影比赛、文学征文等活动，让参与者在创作过程中深入体验乡村文化，并以此为契机发掘并展示新的文化元素。通过这些多样化的展示方式，可以将乡村文化资源的深厚底蕴呈现给公众，提升他们对乡村文化的认知和热情，并在潜移默化中激发对其保护与开发的动力。不断创新展示手段并与其他文化元素相结合，才能确保乡村文化在现代社会中保持活力，为乡村经济与社会发展提供强有力的支撑。

四、体验式旅游

乡村文化资源的挖掘与开发离不开体验式旅游，这种形式能让游客亲身参与并融入当地生活，全面感受乡村的独特风情和文化价值。在开发体验式旅游的过程中，首先要建立与当地居民的合作关系，通过座谈会、培训和宣传，明确社区对体验式旅游的理解和期望，动员他们积极参与策划和执行。设计体验式旅游路线时，应将乡村的自然风景、历史建筑、手工艺、节庆活动与传统美食相结合，制定多样化的活动环节，让游客能够沉浸其中。路线应包括古村落参观、自然景区漫步、传统手工艺坊游览和方言教学等内容，并提供不同路线和主题的选择。对于古村落的游览，确保游客在了解建筑特色的同时，深入体验村民的日常生活和文化故事。可以安排民宿，游客住在传统风格的房屋中，体验当地的饮食与日常活动，如采摘果蔬、参与家庭农活等。在手工艺坊参观中，游客不仅能够看到当地手工艺人的现场操作，还可以在他们的指导下亲自尝试制作。例如，通过木雕、陶艺、刺绣、编织等传统技艺的动手体验，游客能够领悟这些工艺背后的文化内涵并带走亲手制作的纪念品。方言教学和民间故事分享也是重要的体验内容，可以在当地居民的带领下学习方言基本用语或由他们讲述村里的传奇故事，让游客更加贴近当地文化。乡村节庆活动是另一种能够充分体现乡村文化的体验的环节，可以与当地的传统节日相结合，设置体验项目。例如，在传统的丰收节日中组织农田劳作体验、丰收歌舞表演以及农产品品尝等活动。安排村民表演传统舞蹈、音乐或宗教仪式，吸引游客积极参与并融入庆祝活动。设置食品摊位，供应当地的特色美食，确保游客能够品尝到最正宗的味道。在自然风景方面，可以安排登山、徒步、观鸟、划船、垂钓等活动，让游客在自然环境中放松身心，并了解乡村的地理与生态知识。对于摄影爱好者来说，提供合适的摄影点和观景台，能够使他们捕捉到乡村的最美瞬间。开设农业体验环节，如挤奶、采摘、种植等，进一步增强游客与乡村的联系。与此同时，利用科技手段提升游客的体验感，例如为游客提供专属的电子地图、手册和移动应用，介绍每个体验点的背景故事和活动信息，提供实时导航服务。建立游客反馈机制，收集他们的意见并对体验项目进行改进。组织导游和接待人员培训，提高他们的专业知识和服务水平。通过不断完善体验式旅游项目，确保游客在乡村的每一刻都能获得独特而难忘的经历。无论是自然风景、文化故事还是手工艺活动，都应让游客在旅途中建立与乡村的深度情感连接，并为当地的经济与社会发展注入新的活力。

五、文化创意产业

乡村文化资源的挖掘与开发策略离不开文化创意产业，它能将传统文化与现代产业相结合，赋予乡村文化资源新的生命力。在开发文化创意产业的过程中，首先要深入挖掘当地文化的独特性，并对现有的资源进行详细分类，包括传统手工艺、节庆活动、民间故事、自然景观、建筑风格等。结合市场需求，将这些资源转化为创意产品或服务，形成具有品牌特色的文化创意产业链。在手工艺方面，需与当地工匠合作，将传统工艺融入现代设计，制作既有乡村风格又符合现代消费者审美的产品。通过开设工艺品制作工作坊和培训班，吸引年轻设计师与工匠合作，让手工艺作品在保持原有韵味的同时富有创新感。可以设立专门的工艺品展示厅或网店，集中展示和销售当地特色产品，为乡村手工艺创造更大的商业价值。对于节庆活动，整合传统与现代元素，打造一系列创意节日品牌。以原有的乡村传统节庆为基础，引入音乐、舞蹈、艺术展览和美食等创意元素，丰富节庆活动内容并延长节日周期。制作节日主题的文创商品，如纪念品、服装、饰品等，并对节日活动进行直播或制作成纪录片，扩大节日的影响力与吸引力。通过举办艺术家驻村项目或文化论坛，让更多艺术家、设计师和学者参与乡村文化的创新与推广。民间故事和语言作为重要的文化资源，可以通过文学创作、影视制作和舞台剧表演等多种形式将其融入文化创意产业。组织村民收集并整理民间故事，将其创作成乡村文学作品，制作成绘本、短片或剧本。与影视制作团队合作，将乡村故事改编成微电影或电视剧，吸引年轻观众的关注。为本地方言编写教学教材，制作方言学习应用，吸引外界的语言爱好者加入乡村文化的传播。建筑和自然景观是乡村的独特资源，通过对古建筑的修复与设计，打造具有艺术氛围的民宿、博物馆、书店或工作坊。将自然景观与艺术装置、户外剧场、公共艺术相结合，营造独特的文化氛围。可组织艺术家利用当地材料，创作大型艺术装置或户外雕塑，打造艺术与自然融合的文化地标，成为乡村旅游的新亮点。在市场推广方面，充分利用互联网和社交媒体，通过制作宣传片、开设公众号和在线商店，全面展示乡村文化创意产业的丰富内容，吸引潜在消费者与投资者。同时，定期举办文化创意展览或博览会，邀请设计师、艺术家和商业机构参与展示与合作。建立品牌联盟，将不同类别的创意产品整合为统一的品牌体系，塑造乡村创意产业的独特形象。在开发文化创意产业的过程中，需要政府与社会各界的支持，为乡村创意项目提供资金、技术和市场指导。通过鼓励创业和人才培养，将乡村文化创意产业与旅游、农业等相结合，形成可持续发展的综合体系，实现乡村文化资源商业价值与社会价值的统一。

第三节　乡村文化资源的保护与可持续利用

一、识别和记录文化资源

在乡村文化资源的保护与可持续利用中，识别和记录文化资源是首要的环节。具体操作涉及以下几方面：首先，组织一个由文化学者、民俗专家和当地居民代表组成的团队，对村落的文化遗产资源进行系统性、全面性和科学性的调查与评估。在这一过程中，应设计详细的调查问卷和记录表格，将各类文化资源划分为若干类别，如建筑、手工艺、语言、音乐、舞蹈、传统节庆和风俗等。调查团队可分组前往村落的不同区域，深入居民家庭和村民社区，通过访谈、实地观察、档案查阅、参与式观察等方式，获取全面的信息。除了记录现存的文化资源现状，还需了解资源的历史渊源、传承脉络、变化原因、当前状况以及面临的挑战等方面的信息。在实地考察中，应确保不同文化资源的类型都能得到充分的关注，并结合村落的历史、自然环境、经济发展状况等信息进行综合记录。对于建筑和手工艺类的文化资源，可以使用高清相机、无人机和激光扫描仪等工具拍摄、测量，形成详细的平面图和三维模型，并对其结构、材料、工艺技术等进行详细描述。对于非物质文化资源，如音乐、舞蹈、节庆仪式和风俗，可以利用音视频设备全程记录，以捕捉表演的细节、仪式的流程以及当地居民的参与情况，同时配以详细的文字解说，确保每一段音视频资料都能够清晰还原原本的情景。除了直接的音视频记录和图纸制作，还需借助现代科技手段，比如通过数字化存储、3D建模和虚拟现实等技术，对文化资源进行电子化存档与展示，方便未来的研究、推广和利用。特别是对于较为脆弱、濒临失传或消失的资源，应尽可能详细地记录，确保后人可以通过这些数字化资料来深入了解与学习。其次，还可以设立在线数据库，将记录的文化资源信息上传至互联网，以便全球学者和公众能够获取、研究和利用这些资料。在记录的过程中，应尊重当地居民的意见和建议，与他们保持良好的沟通，确保资源识别与记录工作的透明度，激发居民的参与积极性。在村民的配合下，可以更深入地了解一些流传于家庭、宗族或村落内部的独特传统。对他们所讲述的口述史料、传说、典故和工艺技艺进行录音、拍摄或文字整理，有助于形成完整的资料链，展现乡村文化的深厚底蕴。对于一些口口相传的语言和方言，要及时用音频、视频或文字记录下来，以免在年轻一代中消失。为了保障识别和记录的科学性与系统性，还需将收集到的资料按照不同类别、不同村落、不同时间段进行归类整理，并建立数据库或档案。可以制作图文并茂的报告或视频，为相关部门和文化研究者提供清晰的指导。在编制报告的过程中，应从文化资源的价值、特色、保护现状、利用潜力、面临的挑战和机遇等多方面入手，呈现翔实的数据与案例，为后续的保护、开发和利用工作提供科学的依据。再次，识别和记录工作的成果应作为一套完整的资料被妥善保管，为政府制定政策、学者开展研究、社区进行教育和宣传以及开发文化旅游产业等提供可靠的参考。最后，应通过定期更新和维护档案资料，确保文化资源信息的时效性和准确性，并与各类社会组织、学校和研究机构合作，将这些宝贵的文化资源融入乡村可持续发展的战略中，实现资源的传承与创新。

二、社区参与和教育

乡村文化资源的保护与可持续利用需要社区的积极参与和有效的教育，才能实现全面、可持续的目标。为促进社区参与，应先从社区意识培养入手，推动居民认识到文化资源的重要性，并产生自发保护的动力。社区可以组织座谈会、研讨会等活动，邀请村民、文化专家、学者和政府代表参加，在相互交流和讨论中传递保护理念，增进对本土文化资源的了解。在这些活动中，居民分享各自对文化资源的认识、担忧与期望，达成共识，确保大家在保护过程中能凝聚力量，朝着统一的目标努力。为了更深入开展教育，可以利用学校、社区中心等平台，通过定期开展主题讲座、培训课程和互动活动，把村民融入文化保护的氛围中。课程内容应涵盖当地文化资源的历史渊源、传承脉络、当前价值以及可持续利用的策略等方面。为吸引青少年的兴趣，可以结合实地考察和文化体验，组织学生参观当地的古老建筑、农具、手工艺工作坊等，或在节庆活动中体验传统的舞蹈、音乐和手工制作，让年轻一代在沉浸式的学习过程中感受并认识到家乡文化的重要性和独特之处。对于中老年人群，培训内容则可着重于实用技术培训，例如传统手工艺的改进、农产品加工技能等，帮助他们在经济层面上看到文化资源的潜力，使其更加积极参与。此外，社区参与和教育还应通过实际行动和制度措施来体现。村委会、社区领导等应制定相应的规章制度或条约，明确居民在文化资源保护方面的责任与义务，设立专门的村规或共识约定，规范社区内的文化资源利用方式。可以成立村级文化委员会或文化保护队，召集志愿者和相关人士组成管理队伍，定期检查文化资源状况，举报和纠正违规破坏行为，协助维护古建筑、文物和其他文化遗产的完整性。村落内还可设立文化博物馆、展览厅或活动中心，将收集的资料和居民捐赠的物件向外界展示，吸引游客前来参观，营造村民与外界之间的文化交流环境。鼓励社区参与不仅需要意识上的培养，还需与经济利益挂钩。借助旅游发展、文化节庆和手工艺品销售等产业，将文化资源转化为实际经济收益，并在全村范围内合理分配，让村民在文化保护中获得收益，提高积极性。例如，村落可以每年定期举办特色文化节，汇集本地的传统技艺、手工艺品、音乐、舞蹈和风味美食等，通过展览、表演和体验活动吸引游客。村民可以作为导游、摊主或表演者参与其中，实现自身增收的同时，展示传统文化。村落还可以培育一批致力于保护与传承文化资源的文化使者，提供奖励或资金支持，鼓励他们继续从事传统工艺、音乐舞蹈或口述历史的传承与推广。在全村范围内推动文化保护和教育的同时，应充分借助外界力量，与学术机构、文化组织和政府机构合作，确保教育内容的科学性和实效性。政府可出台相应政策，鼓励与支持相关活动的举办，学术机构可以提供专业知识、教育资源和科研支持，为村民培训和文化资源研究提供帮助。总之，社区参与和教育是乡村文化资源保护与可持续利用的关键，要通过多方合作与实际行动，确保文化遗产在传承中得到创新，资源在利用中得到保护，实现乡村文化的繁荣与永续发展。

三、经济激励措施

在乡村文化资源的保护与可持续利用过程中，经济激励措施是促使社区居民主动参与保护和利用的重要策略。经济激励措施应综合考虑文化资源的特点、乡村的产业结构和居民的经济需求，将传统文化资源的保护与现代经济发展有机结合，从而实现社区利益与文化传承的双赢。具体操作是首先从当地文化资源与经济发展的关联性出发，明确经济激励的目标与范围，涉及旅游、手工艺、农业、文创产品等多个领域。要鼓励社区成立合作社或公司，将村民组织起来统一运营与管理资源的开发，确保整体利益共享和风险分担。旅游业是经济激励的主要方向之一，可以建立规范的乡村旅游体系，包括制定合理的旅游线路，打造特色的文化景点和体验项目，让游客在享受自然风光的同时，深入体验乡村传统文化。村民可参与导游、手工艺品销售、餐饮等服务，通过向游客提供住宿、餐饮、纪念品和导游服务获得收入。同时，还可以定期举办特色文化节庆或传统活动，通过表演、展览、互动游戏等吸引游客，将旅游业与村民的经济利益直接挂钩。此外，在手工艺领域，可支持村民继续制作和销售具有本土特色的工艺品，比如传统刺绣、陶器、木雕和竹编等，并建立手工艺培训中心或工作坊，开展体验式教学，吸引游客并推动村民通过手工技艺增收。村落内的农产品也可以被纳入旅游体验项目中，例如开设特色农家乐或农产品体验区，将当地的农耕方式和特色作物推广到游客的视野里，形成“产、供、销”一体化模式，实现农产品的附加值最大化。文创产品是另一种重要的经济激励途径，可鼓励村民与设计师合作，将乡村文化元素融入现代生活用品中，打造具有本土特色的文创产品，借助互联网平台推广销售，实现文化资源的品牌化和规模化。政府可以设立专项基金或提供贷款支持，帮助村民设立文化企业或合作社，并提供优惠政策、税收减免和补贴，鼓励他们以文化产业为基础开发多样化的产品线，满足市场需求。同时，通过与高校和研究机构合作，将科研成果转化为产品创新资源，为文化产业的发展提供专业的技术支撑。为了确保经济激励措施的有效实施，政府还应建立完善监管机制和评估体系，对相关企业和合作社的运营、村民收益和文化资源的利用情况进行监督，防止出现过度商业化、盲目开发等问题。可通过设立文化资源保护与利用指导委员会或类似机构，制定明确的准入标准和运营规范，并根据市场反馈及时调整政策措施，确保经济激励能够真正带动村民的积极性，实现文化资源的可持续利用。此外，政府还可以与保险公司合作，为村民从事文化产业提供保险支持，减轻他们的投资风险，增强他们投身文化资源利用的信心。在实施过程中，持续的宣传与教育是必不可少的。通过广播、电视、互联网和实地培训等方式，让村民充分认识到文化资源的经济潜力，并引导他们掌握相关技能，将保护文化资源视为自己增收的机会。在具体操作中，还应尊重各个村落的独特文化与传统，根据实际情况调整经济激励的形式和力度，使其更加符合村民的利益诉求和实际需求，实现激励措施的多样化和精准化。总之，经济激励措施旨在通过合理的产业结构与政策支持，使乡村居民在文化资源的保护与利用中实现可观的经济利益，形成良性循环。通过多方面的努力，将经济激励机制打造成村民保护文化资源的动力源泉，实现传统文化的传承、创新与再生。

四、政府政策支持

政府政策支持在乡村文化资源的保护与可持续利用中扮演着关键角色，是确保这一目标得以实现的重要保障。在政策制定和实施的过程中，政府首先应通过设立专项资金，提供财政支持，激励和帮助当地居民与社会组织积极参与文化遗产的保护、修缮及开发工作。通过为文化保护和旅游开发项目提供财政补贴或低息贷款，能够缓解他们的资金压力，让更多人有动力投入保护和合理利用乡村文化资源的事业中。同时，政府需要完善立法，严格界定乡村文化遗产的定义、保护范围和利用规范，并制定相应的法律法规和制度，为乡村文化资源的保护与利用提供支撑。例如，可以通过制定乡村文化资源管理条例，明确责任分工，规定惩罚措施，从而提高相关单位和个人的责任意识，防止不当开发与随意破坏现象的发生。对于文化资源丰富的乡村地区，政府可通过划定文化保护区，建立文化遗产名录，明确文化遗产的保护级别与优先顺序。通过制定文化资源分类保护策略，将不可移动文化遗产、非物质文化遗产、传统工艺等纳入保护范围，形成保护体系，确保每一类文化资源都能得到科学的保护和合理的开发利用。此外，政府还应协调相关部门，制定统一的开发利用标准，防止过度商业化与低效利用。针对文化资源的可持续利用，政府可出台支持政策，引导企业、社会组织和居民采取科学合理的方式开展文化旅游、工艺传承与创新等活动。在文化旅游方面，政府应引导当地开发适合自身特色的乡村旅游项目，重点突出原生态的民俗风情、传统建筑和手工艺等特色资源，避免千篇一律和盲目模仿。通过引导当地社区建立合作社或文化协会，强化内部管理，提高乡村旅游的组织化水平。政府也可与企业、教育机构合作，开设相关培训课程，增强从业人员的素质与服务水平，为游客提供更好的文化体验。在工艺传承方面，政府应通过设立非物质文化遗产传承人制度，鼓励传统工艺的传承与创新，为传统手工艺提供市场与技术支持。通过举办技艺展示活动和建立手工艺作坊，让更多人了解传统技艺的魅力，并将其与现代设计理念相结合，提高传统工艺品的市场竞争力。此外，政府可通过设立奖励基金，支持创新型工艺发展，提高乡村文化产业的创新能力。最后，政府在推进乡村文化资源保护与利用的过程中，应注重广泛宣传教育，增强民众的文化自信与保护意识。通过多媒体宣传、社区教育与学校课程，让保护与可持续利用乡村文化资源的理念深入人心。在重点乡村地区，政府应与文化机构合作，策划开展文化节日、艺术展览等活动，丰富当地居民的文化生活，并吸引更多游客前来观光体验，增强乡村文化的凝聚力与影响力。

五、技术与创新

技术与创新在乡村文化资源的保护与可持续利用中扮演着重要角色，具体操作涉及广泛领域。首先，数字化技术是关键，通过数字化记录、整理与展示乡村文化遗产信息，确保珍贵的历史和传统得以保留，并向公众普及。例如，利用高分辨率的摄影和三维扫描设备，将乡村建筑、古老手工艺品等文化遗产以数字形式保存，为修复和研究提供依据。其次，可开发基于虚拟现实和增强现实的展示平台，让公众通过沉浸式体验了解乡村文化，吸引年轻人和国际游客关注并参与文化保护。通过构建多语言数据库，可以实现全球范围内的文化传播与交流。传统工艺的传承与创新是保护乡村文化的重要部分，结合现代设计理念和生产技术，能够提升传统工艺的市场价值。例如，通过激光切割、3D打印等技术制作模具，提高传统手工艺的生产效率与精度，并借助现代设计增强产品的实用性和美观性。同时，创新型设计团队可与当地匠人合作，将传统技艺与当代市场需求相结合，设计具有地方特色的工艺品、家具和服饰，打造独具一格的文化品牌。对于濒临失传的工艺，可借助音视频记录详细工艺流程，并开发网络课程，培养更多传承人。在乡村旅游开发中，利用物联网和大数据技术可以实现个性化旅游体验。例如，通过数据分析，精确掌握游客偏好，为游客定制化推荐景点和活动路线，并在旅途中提供实时导航与信息服务，提高游客满意度。旅游企业可通过部署物联网设备，实时监测景区人流与环境状况，为游客提供智能化的安全和环保建议。乡村旅游企业可利用社交媒体和电子商务平台，打造文化传播和营销网络，将乡村文化资源的特色产品与旅游项目呈现给更多的消费者。智能化管理系统有助于实现乡村文化资源的可持续利用，通过安装传感器和监控设备，实时监测古建筑和文化遗产的结构变化与环境影响，从而及时采取修复和保护措施，确保资源的长期保存。最后，应用遥感技术和无人机进行土地资源监测，掌握乡村环境和自然资源的动态变化，为乡村规划和生态保护提供科学依据。对于已经开发的旅游区，基于GIS（地理信息系统）的管理系统可以辅助景区进行合理的游客流量控制与环境保护策略制定，有效防止景区过度开发与环境破坏。政府和学术机构应积极推动乡村文化资源保护与创新项目的科研投入，结合各地具体实际，研发更适应当地文化资源特点的创新性技术方案。通过设立实验基地与技术合作平台，将最新技术成果在乡村文化资源保护中落地应用，强化技术人员和当地管理者的专业培训，提高他们的科技应用能力与创新意识。同时，在项目实施过程中，应积极听取当地居民的意见，借助公众智慧完善技术方案，将技术创新与乡村实际需求紧密结合，确保技术成果的长效应用，真正实现乡村文化资源的可持续利用。

六、国际合作与网络赋能

国际合作与网络赋能在乡村文化资源的保护与可持续利用中具有重要作用，能实现跨文化、跨地域的资源共享与优势互补，为乡村文化提供多层次的支持。首先，通过国际合作可以搭建学术研究与技术创新的桥梁，为乡村文化资源保护引入先进的理念和技术。建立国际研究团队或联盟，吸引各国专家、学者共同研究乡村文化遗产的保护策略，并根据不同国家的成功经验制定符合本土特色的保护规划。同时，邀请国际文化遗产专家赴当地开展技术指导，传授最新的文化遗产修复与管理方法，为相关从业人员提供专业培训，提升他们的文化遗产保护水平。国际科研机构可以在乡村设立长期合作基地，定期开展文化资源考察和评估工作，确保乡村文化资源保护的科学性与可持续性。在文化交流方面，国际合作能够帮助乡村文化资源走向全球，为其打造更具吸引力的国际形象。通过举办国际文化节日、艺术展览、学术会议等活动，邀请国外游客和研究者参与到乡村文化的互动与体验中，加深对当地传统文化的了解与认同。鼓励各国艺术家与乡村的民间艺人合作，开展跨国界的艺术创作，让更多优秀的乡村文化作品在国际舞台上展现风采。利用在线直播、社交媒体分享等现代传播方式，将乡村文化资源转化为丰富的数字内容，借助全球网络平台迅速传播，提高国际知名度和文化影响力。国际合作与网络赋能还能加强乡村文化旅游的全球推广，通过建立国际旅游合作组织，促进各国间的旅游信息互通与客源共享。在国内外旅行社的网络中植入乡村文化旅游产品，并与国际旅游机构合作推出联合旅游路线，让更多国际游客将乡村旅游列入旅行计划。在主要的国际旅游平台上建设乡村旅游专栏或网站，为游客提供多语言导览和预订服务，实现全球化的宣传与营销。加强与外国政府、企业的合作，为海外游客提供签证便利与旅游保险，优化旅游体验。通过与国际旅游组织共同制定乡村旅游标准，确保旅游项目的服务质量与安全，提升乡村文化旅游的国际口碑。在乡村文化资源的保护与可持续利用中，国际合作与网络赋能还可以带来多样的资金与项目支持。鼓励其与国际公益组织、基金会合作，申请文化保护基金，将这些资源用于乡村文化遗产的修缮、数字化存档和项目的可持续开发。设立国际合作专项基金，资助各国专家、学者和相关企业开展乡村文化资源保护的联合研究，并在乡村地区实施具有示范效应的创新项目。借助联合国教科文组织等国际机构的支持，推动更多乡村文化遗产入选世界文化遗产名录，让这些宝贵资源在全球范围内得到更好的关注与支持。充分利用国际合作平台，与各国政府和企业建立长期的合作机制，确保乡村文化资源保护与可持续利用的工作能持续开展，实现乡村文化在世界范围内的共享与共赢。

第三章　乡村文化产业的创意设计与产品开发

第一节　创意设计在乡村文化产业中的作用

一、文化创意设计的内涵和特点

文化创意设计是一种融合了多种文化元素，通过创意手段和设计思维，将其转化为具有实用性、美学性和文化内涵的产品或服务[①]。其内涵主要包括以下几个方面：首先，文化创意设计必须具有一定的文化元素，这些元素可以是传统文化、历史文化、地域文化、民俗文化等。这些文化元素是设计师（团队）进行设计的基础，也是设计作品的灵魂。其次，文化创意设计的核心在于创意，要能够突破常规、打破陈规，创造出具有新颖性、独特性和个性化的设计作品。设计师需要具备敏锐的观察力和创造力，能够将文化元素巧妙地融入设计中，创造出具有创意的作品。再次，文化创意设计需要运用先进的技术手段和工具，如计算机辅助设计、3D 打印等，以实现设计的精准性和高效性。同时，设计师还需要具备一定的手工制作能力和工艺技能，能够将设计图纸转化为实际的产品或服务。最后，文化创意设计的最终目的是创造商业价值，需要考虑产品的市场需求、消费者心理和商业模式等商业因素。设计师需要了解市场需求和消费者心理，把握设计作品的商业性，使其在市场上具有竞争力。文化创意设计的特点主要有以下几个方面：首先是多元化。文化创意设计的元素来源广泛，可以融合文化、艺术、科技、商业等多个领域的元素，设计师需要在不同领域的元素中进行选择和融合，创造出具有独特性和多元性的作品。其次是创新性。设计师既要发挥自身的专业优势和天赋灵感，因地制宜地进行创新创意，又要结合目标区域的人文、自然、

① 周祎．文化创意设计介入乡村振兴模式探讨 [J]. 居舍 ,2023(20):107-110+153.

历史等实际情况和发展现状，让文化创意能够切实落地和转化。再次是个性化。文化创意设计强调个性化，要能够满足不同消费者的需求和喜好，打造出具有个性化特色的产品或服务。设计师需要深入了解消费者的心理和需求，根据不同的市场需求进行设计。最后是可持续性。文化创意设计要注重可持续性，即考虑设计作品的环保性、社会责任感和经济效益等方面，以实现可持续发展。设计师需要在设计过程中考虑产品的生命周期，尽可能减少对环境的影响，提高产品的可持续性。

二、挖掘乡村文化资源，打造地方特色产品

创意设计在乡村文化产业中通过挖掘乡村文化资源，打造具有地方特色的产品，起到了激活乡村文化产业潜力、提升竞争力的重要作用。在挖掘文化资源方面，创意设计师应深入了解当地的历史、风俗、技艺和自然环境，将其作为设计灵感的基础，并与现代审美、科技和消费需求相结合，以创新方式呈现出独特的产品和服务。乡村的传统手工艺、建筑风格、非物质文化遗产和自然景观等资源蕴含着丰富的文化内涵，创意设计的首要任务是赋予这些传统资源新的生命力，使其适应现代市场。通过将传统工艺与当代设计理念融合，设计师可以打造独具特色的家具、服饰、工艺品等，提升产品的美观性与实用性。例如，将刺绣、编织、雕刻等传统技艺应用于现代家居用品的设计中，既能够保持工艺的文化特色，又满足了现代消费者对美学与功能的需求。此外，借助数字技术和新媒体，将传统的民俗节庆、音乐舞蹈等表演艺术重新包装，形成新的文创产品或体验项目，为当地文化旅游赋予更多活力。在打造地方特色产品的过程中，创意设计不仅为传统技艺赋予新生，也能通过创新包装、品牌策划与市场推广，塑造统一的乡村文化品牌形象。在包装设计中，设计师可以使用具有当地特色的图案、符号、色彩或材料，使产品一目了然地体现地域风格，增强产品的辨识度与吸引力。通过建立统一的品牌标识，将所有乡村特色产品纳入同一个品牌体系，既方便消费者识别与辨认，也有助于集中宣传与营销，扩大市场影响力。设计师还可以结合当代消费趋势，为传统文化产品注入新的功能和故事，形成与消费者有情感

互动的品牌价值，让乡村文化产品不只是商品，更成为一种文化体验与情感共鸣。创意设计在打造地方特色产品时，应注重文化与市场的紧密结合，围绕市场需求进行产品设计和开发。通过对不同消费群体的深入调研，了解他们对乡村文化产品的期望与审美偏好，为设计工作提供参考。在设计过程中，还应将文化资源的可持续利用纳入考量，通过运用环保材料与工艺，保持乡村资源的生态平衡。创新型设计师和团队可以积极探索乡村文化产品与现代科技、生活方式的结合点，例如将智能化、数字化元素融入传统工艺品中，使其在功能上满足现代人对智能家居、时尚生活的追求，扩大市场应用空间。同时，结合在线平台和社交媒体，将乡村特色产品的生产过程、设计理念通过视频和图文形式展示，让消费者更深入了解产品背后的文化故事，增强购买信心。此外，创意设计在打造地方特色产品的过程中还需注重社区与居民的积极参与。通过设计培训、合作生产等方式，让当地手工艺人、农民参与产品设计与生产的全过程，充分利用他们的技艺与经验，使特色产品在保持文化原汁原味的基础上具有更好的实用性与创新性。通过挖掘与打造乡村文化产品，不仅能够为乡村居民创造更多的就业与收入机会，也有助于提高他们对本土文化的认同与信心，为乡村文化产业发展注入源源不断的活力。创意设计借助挖掘乡村文化资源和打造地方特色产品，实现了乡村文化的传承与创新，推动乡村文化产业在新时代焕发新的生机。

三、提升乡村文化品位，增强乡村文化软实力

创意设计在提升乡村文化品位、增强乡村文化软实力方面具有关键作用。通过创意设计，乡村文化得以焕发新的生机，以独特的艺术表达方式和现代化呈现手段，将乡村深厚的文化底蕴和自然风光更好地融入当代生活和艺术实践中。设计师深入挖掘乡村历史和民俗文化，整合地域特色、传统工艺和现代设计理念，将这些元素巧妙融入乡村的建筑、景观、家具、服饰和艺术品中，使乡村焕发出新的文化魅力。乡村建筑与景观设计作为乡村文化的重要组成部分，在创意设计的加持下，展现出更高的文化品位。通过保留乡村传统建筑风格、古村落布局和自然景观特色，并结合现代人居理念，创意设

计能够打造出和谐、美观且富有乡土气息的建筑群与景观带，使游客能够在乡村中享受到独特的美学体验。这种设计理念还可以延伸至乡村公共设施、社区广场与乡村活动场所的设计，进一步丰富乡村文化空间的层次感，强化乡村的艺术氛围和文化品位。乡村家具、服饰和工艺品等文化产品也借助创意设计获得了新的价值。设计师将乡村传统的手工艺技术、花纹图案与现代的美学理念和技术工艺相结合，设计出精美的家具、服饰和工艺品，不仅让这些产品成为实用的生活用品，更使其具有浓厚的艺术性和文化内涵。在家具设计中，设计师在材料的选取和工艺的运用上兼顾传统与现代，实现了美观与实用的统一。在服饰设计上，乡村传统刺绣、纺织和染色工艺被融入时尚设计中，打造出具有民族特色的独特时装。在工艺品方面，将木雕、陶瓷和金属制品等传统手工技艺与现代的雕刻、铸造技术结合，创造出富有乡村文化特色的装饰品。在旅游项目与活动的策划中，创意设计同样为乡村文化提升软实力提供了有效途径。设计师通过深入挖掘当地传统节庆活动和文化传说，将其转化为独特的旅游活动或体验项目，吸引游客参与乡村文化节、艺术展览和民俗表演，体验传统乡村生活方式。通过创意设计打造的乡村文化旅游产品，不仅丰富了游客的文化体验，也强化了乡村居民对自身文化的认同感和自豪感。同时，设计师与乡村社区合作，将乡村文化资源与创意活动相结合，策划当地的文化艺术节、乡村创意市集和特色农产品展销会，进一步增强乡村的文化吸引力与影响力。通过创意设计，乡村文化产业不断焕发新的生机与活力，提升了整体文化品位，并在国际文化交流中展现出独特的魅力。乡村文化产业的蓬勃发展使乡村成为文化创意的重要基地，吸引着国内外艺术家和游客前来交流与体验。在乡村文化活动与产品的传播过程中，创意设计使乡村文化以多样化的形式走向世界，不仅展示出丰富的文化资源和艺术价值，也为乡村经济发展注入了新的动力。乡村文化产业借助创意设计的力量，逐渐摆脱单一的传统发展模式，在提高文化品位与软实力的同时，为乡村实现可持续发展铺平了道路。

四、促进文化产业转型升级，推动乡村经济发展

创意设计通过赋予传统文化资源新的表达形式和经济价值，推动文化与经济的深度融合，实现乡村经济的多样化发展。创意设计师深入挖掘乡村历史、工艺和民俗文化，将其与现代审美、科技和商业需求相结合，以创新的方式打造出独具乡村特色的文化产品和旅游项目，为乡村经济注入新的活力和增长点。通过创意设计，乡村传统手工艺、非物质文化遗产和自然资源被转化为独具魅力的文化产品，丰富了当地的产业结构并增强了市场竞争力。传统的乡村手工艺、农产品、服饰和家具在设计师的巧思下被赋予现代美学和实用性，变成市场上广受欢迎的文化商品，并通过电商平台、线下展会、品牌推广等方式进入广阔的消费市场，为乡村经济创造了可观的收益。

创意设计在乡村文化旅游项目的策划与开发中起着关键作用，将乡村文化资源和自然风光通过创意手段进行整合与包装，使其成为具有吸引力的旅游产品。设计师通过分析游客的兴趣和需求，将传统节庆、手工艺体验、农家乐活动等融入乡村旅游项目中，创造出丰富多样的乡村旅游路线，吸引更多游客前往体验乡村文化。这不仅增加了当地的旅游收入，也为销售、住宿、餐饮等相关产业带来了巨大的经济效益。设计师还应为乡村旅游项目设计统一的品牌标识与宣传方案，通过线上线下相结合的推广渠道，全面提升乡村旅游的品牌知名度，形成长期稳定的游客流。在推动乡村文化产业升级的过程中，创意设计还能引导传统企业与手工艺人升级生产技术与管理理念，提高产品的生产效率和设计水平，使其更好地适应现代市场需求。设计师可以为当地的工艺企业和手工作坊提供专业培训与技术指导，将最新的设计理念与工艺技术引入生产环节，帮助他们实现标准化生产并保持创新力。在品牌营销方面，设计师还可以协助乡村文化企业制定完整的市场策略与推广计划，确保产品的市场定位与品牌形象统一，提升消费者的购买信心。在数字经济快速发展的今天，创意设计在乡村文化产业的数字化转型中起到了重要作用。设计师借助数字技术与多媒体手段，将乡村文化产品转化为线上数字内容，通过电商、社交媒体和直播平台进行推广与销售，扩大文化产品的市

场份额与消费者群体。数字化的营销模式还可以实时收集和分析消费者的数据与反馈，为文化产品的设计与生产提供依据，确保乡村文化企业的产品与市场需求保持一致。通过创意设计，乡村文化企业逐渐摆脱了传统的销售渠道，建立起覆盖全国甚至全球的营销网络，提高了产业效益。创意设计不仅赋予乡村文化资源新的经济价值，还通过促进文化产业转型升级推动了乡村的整体经济发展。随着文化与其他产业的融合深化，乡村经济正在向多元化、高附加值方向转变，为当地居民创造了更多就业与创业机会，激活了乡村的整体活力与可持续发展潜力。

五、提高乡村建设文化质量，增强乡村文化魅力

创意设计师深挖乡村的历史、自然和人文资源，将这些元素巧妙融入乡村建筑、景观、文化空间和活动中，使乡村具备现代美学与传统风格相融合的文化特征，焕发出独特的魅力。在建筑与景观设计方面，创意设计能够将当地传统的建筑风格、材料与现代功能需求结合，保留乡村原有的建筑布局、村落特色和自然景观，并通过创新的建筑形式和艺术表达方式打造出既符合现代人生活方式又具有地域特色的村落建筑群，使人们在现代化的设施中体验到浓郁的乡村文化氛围。公共文化空间的设计也是提高乡村建设文化质量的重要方面。设计师将当地的文化习俗、民间技艺和艺术表现融入社区广场、文化馆、民俗展览馆等公共空间的规划中，使其成为居民和游客共同参与文化活动的场所。在这些空间内，设计师通过巧妙的装饰与功能布局，营造出温馨、互动性强且富有艺术感的环境氛围，激发居民的文化参与热情并加强社区凝聚力。此外，创意设计还可以为这些空间定期策划文化展览、手工艺培训和艺术表演等活动，使其成为乡村文化交流的核心场所，吸引更多游客前来体验并增强居民的文化自信心。乡村的旅游活动与文化产品也受益于创意设计的加持。设计师将乡村的自然景观、特色民俗和传统节庆通过创新的设计手段转化为具有吸引力的旅游体验项目，为游客提供丰富的乡村文化之旅。传统的乡村旅游路线通过设计师的重新规划，纳入了更多的文化体验环节，例如农家作坊参观、传统手工艺体验和民俗表演，让游客能够全方位感

受乡村的文化底蕴与风情。此外，设计师还为乡村旅游项目设计了统一的品牌形象，使其在市场上更具辨识度与吸引力。在乡村文化产品方面，创意设计师充分发挥自身的美学理念与技术优势，将传统手工艺、农产品和服饰等与现代生活方式相结合，设计出兼具实用性与美观性的文化商品。这些商品通过线上线下多渠道的市场推广，成为传播乡村文化的窗口，使消费者在购买文化商品的同时对乡村文化产生更深的认同与喜爱。设计师为这些商品统一制定了符合品牌形象的包装设计与宣传策略，确保产品在市场上形成良好的口碑和品牌效应。创意设计不仅为乡村文化建设带来了高质量的建筑、景观和产品设计，还为乡村居民提供了更多参与文化活动的机会。设计师通过与当地社区、学校和手工艺人合作，将传统的文化技艺和现代的设计理念相结合，使居民在生产和活动中体验到乡村文化的独特魅力，并激发他们的创造力与积极性。居民通过参与文化活动和生产特色文化产品，增强了对本土文化的认同感和自豪感，也为乡村文化的传承与发展提供了可持续的动力。总体而言，创意设计在提高乡村建设文化质量、增强乡村文化魅力方面具有举足轻重的作用，为乡村带来了高品质的建筑空间、丰富的文化活动与多样化的文化产品，使乡村焕发出新的文化活力与吸引力。

六、激发乡村创新创业活力，促进乡村经济转型升级

创意设计通过激活乡村的丰富资源与潜力，使传统文化与现代需求完美融合，为乡村经济注入新的活力与动力。创意设计师以其独特的思维方式和创新理念，将传统文化资源、自然风光和手工技艺进行重新包装，为乡村企业、手工作坊和创业者开辟了全新的商业模式和发展途径。通过创意设计，乡村的手工艺与非物质文化遗产焕发出新的生命力。设计师深入挖掘乡村传统技艺的文化内涵，结合现代工艺与审美，为工匠提供创新的设计方案和培训指导，将传统工艺转化为市场认可的文化产品。在生产技术与管理理念上，设计师与当地工艺企业紧密合作，帮助其实现标准化、规模化生产，并保持工艺和设计的独特性。这种融合了传统与现代的产品为手工艺人和小型企业提供了广阔的市场空间，激发了乡村手工艺者的创新创业热情。乡村的自然

资源也借助创意设计的力量转化为高附加值的文化旅游产品。设计师通过调研和分析，将乡村的独特风景与文化资源包装成吸引力强的旅游路线和体验项目，并为乡村景区提供统一的品牌形象与营销策略，确保在市场上形成很高的识别度和强大的竞争力。这种以创意设计驱动的乡村旅游不仅提高了当地的旅游收入，也增加了相关产业的就业与创业机会，包括民宿、餐饮、文化纪念品和休闲娱乐等领域。乡村的年轻人和返乡创业者借此机会投入乡村旅游产业，为乡村经济发展注入新的活力。创意设计通过帮助乡村企业和创业者塑造独特的品牌形象和文化定位，强化了乡村经济在市场中的竞争力。设计师为乡村企业提供包装设计、市场推广和品牌策划等方面的专业服务，使其在激烈的市场竞争中脱颖而出。同时，通过多渠道的市场推广，乡村产品在全国乃至全球范围内吸引了广泛的消费者群体。乡村企业借助电子商务平台和社交媒体实现了与消费者的直接沟通，建立起忠实的客户群，为乡村经济发展提供了持续的增长动力。在促进乡村经济转型升级方面，创意设计还为乡村经济与其他产业的融合提供了新思路。设计师通过对乡村文化、自然资源和产业基础的全面评估，结合市场需求和政策导向，制定可行的产业升级方案。在设计师的指导下，乡村的传统产业通过创意设计与现代技术实现产品创新与工艺改良，不仅保持了原有的文化特色，还提高了生产效率和经济效益。与此同时，乡村的文化产业与农业、互联网和金融等领域的融合，进一步拓展了乡村经济发展的空间。创意设计在激发乡村创新创业活力的同时，改变了乡村经济的传统发展模式，使其向多样化、品牌化和高附加值方向转变。乡村经济从以农业为主导逐渐转向文化、旅游、手工艺和现代服务业等多元化发展，并吸引了更多年轻人返乡创业，为乡村的持续发展提供了人才保障。通过创意设计的推动，乡村的创新创业氛围愈加浓厚，逐渐形成以文化产业为核心的经济生态体系，实现乡村经济的全面振兴。

第二节 乡村文化产品的设计与开发流程

一、调研与策划

在乡村文化产品的设计与开发过程中，调研与策划阶段至关重要，它决定了整个项目的方向和基础。设计师（团队）必须先进行全面深入的调研，充分了解当地的文化资源以及市场需求，从而制定出具有市场竞争力的产品开发方案。设计师走访乡村社区，与乡村干部、代表性农户和工匠以及当地文化专家等人群展开深入交流，探寻传统手工艺、民俗活动、历史遗迹、农产品和自然风光等方面的信息，通过这些途径获取丰富的文化资源，并辨别能够代表乡村独特文化魅力的关键元素与符号。深入了解乡村发展规划，参观乡村的文化遗产、手工艺作坊和农作坊，查阅相关文献资料，确保对当地政策导向和文化资源有充分的理解。与此同时，设计师还需要开展市场调研，以明确消费者对乡村文化产品的兴趣点和购买意愿，调查他们的年龄、收入、兴趣等人口统计数据，并通过访谈潜在客户掌握他们对乡村文化产品的具体需求和期望。此外，分析当前市场上的流行趋势和竞争对手的产品定位也是不可忽视的工作，因为这些信息能够帮助设计师清晰地了解市场情况，把握未来产品的市场定位，确保其设计出的产品符合现代消费者的审美和功能需求。在全面调研的基础上，设计师开始制定开发策划方案，确定产品的主题、风格和开发方向。策划方案需要结合乡村文化资源与市场需求，将乡村文化独特的符号和现代市场的需求相融合，使产品既能展现乡村独特的文化魅力，又能满足现代市场的实际需求。设计师会列出产品开发的关键文化符号、风格特征和目标客户群，并明确初步的设计方向。策划方案的制定需要与当地的手工艺人、生产商和营销专家合作，确保产品在生产和市场推广方面具备可行性。对生产工艺的可行性与经济性、原材料采购、销售渠道和营销策略等进行初步考虑，使策划方案更加完整。调研与策划阶段不仅为后续的设计与生产提供明确的指导方向，还确保最终产品在展现乡村文化特色的同时能符合市场需求，增强产品的市场吸引力和商业价值。设计师通过综合分析调研结果，全面考虑文化与商业的融合点，策划出独具创意和市场竞争力的开发方案，使乡村文化产品能够以现代化的形式走入更多消费者的生活，助力乡村文化资源的可持续利用与经济发展。

二、设计价值

（一）乡旅文创产品设计价值体现

当今社会我国文创产业的发展受国际文化产业发展趋势的影响，同时基于文化本身的发展进行了发掘与创新。基于第三章对文创产品的发展现状和问题的分析，对其设计价值维度进行探讨，分析其设计价值的构成，将“文创产品”的设计价值实质化，有助于引导设计师对乡村旅游文创产品进行改良和创新设计，如图 3–1 所示。

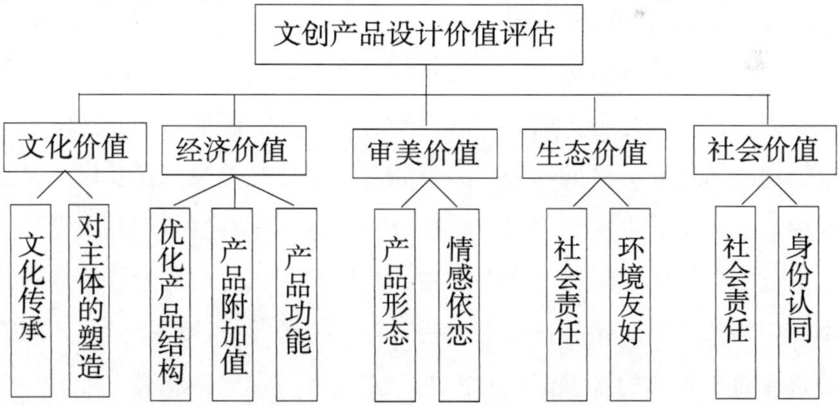

图 3—1 乡旅文创产品设计价值

1. 审美价值

蒋勋先生说：“我梦想的自由，其实是审美上的自由。”① 这里所表述的“美”，不仅是形态、外观、色彩等感官审美，还是更深层次的精神美感、

① 蒋勋 . 美的沉思 [M]. 北京：生活·读书·新知三联书店，2009..

精神愉悦。乡村地区的美学精神，是一个漫长的沉淀过程，所以审美价值是乡村旅游文创产品区别于一般旅游纪念品的特殊价值之一。人们在现实的审美诉求中有两个重要的出发点。第一，追求形式的美感。基于当地的地域文化，在新的社会环境下，无论是对色彩、形状、线条、质感等艺术语言进行内容、形式、形态上的创新，还是对刺绣、竹编、原始图腾等文化元素的汲取，乡旅文化创意产品都需要挖掘和提升现代生活文化，把握生活方式的变化，通过设计传达艺术审美，并且综合考虑形态、材料、构造之间的合理关系，使文创产品富有时代气息的美感。在台北故宫博物院的一套家居产品设计中，商品介绍页上写到：造型来自唐氏仕女，当时女子霓裳笼袖，微步凌波，体态丰腴，气质雍容。然而令人惊喜的是，这套产品设计师并没有直接将“仕女”的形象符号做成仕女的人偶、茶壶、牙签盒、花器，而是将仕女的姿态、身体的弧度、丰腴的轮廓抽象出来，并为每件产品赋予了特殊的名字，如“霓裳茶器”“笼袖杯组”等，全部来自古诗词对家人的描写。产品栩栩如生的造型达到了形式的美感，也触动了消费者的内心，得到了来自世界人民的喜爱，也印证了现代人的审美心理。

此外，曾经“形式追随功能”的实用价值是人们设计实践活动满足的第一价值要素。在当今社会，功能不再是产品最重要的衡量要素，在使用过程中产生的情感体验和心灵的愉快变得更加值得设计师关注。在乡村旅游文创产品当中，本土文化内涵与现代审美结合，运用到日常生活产品的设计上，是最为常见的方式之一。有些文创产品，几乎只是当地文化符号的复用，主要集中在明信片、办公用品、首饰、钥匙扣、挎包等设计种类，但其功能满足了消费者对于景区的情感记忆和需求，并且有一定文化和实用价值。所以在设计中注重带给人的情感体验，突出物质属性给予的感官体验，在使用体验的情境中，重视产品对消费者引起的生理感觉和心理感受或情感效应的反馈。

2. 经济价值

经济价值以设计对商业利益的客观效用为尺度①。乡村旅游就是一种经济活动，而文化创意产品作为在乡村旅游市场上流通的商品，应遵循一般价

① 周俊俊 . 基于设计价值论的设计价值评估研究 [D]. 上海：上海交通大学 , 2014.

值规律。因此，我们可以感受到随着社会的进步，人们消费水平的不断提高，将乡村文化符号、创意概念进行设计转换，变成物质化的产品，能够带来直接和间接的经济增长。首先，在乡村旅游文创产品生产过程中，设计师通过智力劳动，在保留原有工艺精髓的前提下优化其工艺流程、产品结构或材料选择，从而降低成本，提高产品收入。如宫廷娃娃系列主题文创能创造非常高的销量，材料和工艺的选取也是功不可没。产品主要由合成树脂制成，合成树脂具有精度高、亮度好、不易磨损、颜色丰富、形状效果多样、环保自然等优点，相对于较为复杂的木雕、石雕等工艺来说，通过现代机械化批量化生产工艺加成的树脂制品，成本造价低，符合大众消费水平，这也拉近了参观者与故宫馆藏和历史人物间的距离，成功博得大众的喜爱，成为畅销的文创产品。 在当下的中国，缺乏现代设计的土壤，从消费层面来说更愿意接受文化创意产品结合当下生活、审美的使用性和实用性功能，更能满足不同年龄的需求，消费者则需要用心体验出文化创意产品设计中的文化内涵，在实现经济价值的基础上实现文化创意产品的文化价值。例如“朕知道了”胶带是台北故宫博物院推出的历史文化胶带系列，当其把康熙皇帝的朱批印上去之后，一个普通的胶带由一两元售价直接翻了几十倍，还有“翠玉白菜”圆珠笔、“侍女唐唐” 吸油面纸、 “密奏”文件夹等设计，赋予产品全新的生命力。笔记本、笔、书签、红包袋、扇子……生活中随处可见的用品与文化联系在一起之后，也变成了极受欢迎的商品，使得低成本的生活用品变成极具文化价值和收藏价值的工艺品。

因此，我们可以了解到消费社会条件下，经济价值已经成为乡旅文创产品设计价值的基本要求之一，分析其明显的文化特征与地区标识，设计包括食品包装、文具、纪念品等可促进文化产品的消费，带动文化创意产品发展及经济发展，并直接推动经济的可持续发展。但这并不是设计的唯一取向，如果为了追求利益，背离设计价值总目标，则值得我们反思。

3. 文化价值

历史学家庞朴先生曾说：“不同的生活方式，产生了不同的文化状态，形成了种种文化心理的积淀。”[①]首先，文化价值是乡旅文创产品设计价值的核心。乡村文化资源通过文创产品设计实践的方式，将抽象的价值理念转化为具体产品，表现出生活智慧、使用习惯、生活习俗和思维构成等，这是一种文化的体现。文创产品的设计是区别于传统产品对于功能性的需求满足，融入了文化元素的提炼满足大众的精神消费的产品。而乡村文创产品是对乡村文化的挖掘、传承和提炼、创意所形成本土特色乡村文化的产品，并真正形成对外的文化吸引、对内的文化自信。所传达的精神也是本土文化的精髓和符合当代社会审美的设计价值正能量，这种正能量主要体现在两个方面：首先，有助于传承文化，唤起人们的文化意识。不同地域、不同文化背景决定了产品应该风格迥异，有明显的地方特性，通过产品可以了解到更深层次的制度文化、心理文化等。例如，陕西历史博物馆研发的汉瓦纹样杯垫，黑红配色是汉朝的主流行色，将汉代神兽纹样应用到环保杯垫上，且背面有简单的解释说明，既注重了传统文化象征意义的表达，也结合了现代产品的实用性特征。这种文化创意产品的设计利用创造力用现代产品再现汉代文化，提升文创产品的艺术品位。使产品的文化价值和实用价值提高了消费者的购买欲望，拉近游客与当地游客之间的距离，极好地传承了中国文化，唤起人们的文化自觉意识。加深他们对所处的自然景观和人文环境的理解和尊重。

其次，继承并发展文化脉络。文化创意产品流通，不仅促进了商贸的发展，还可以最直接、最快速地传播文化。在我国台湾地区文化特征鲜明的文创产品有很多，如马祖芹壁村金银花茶、海产品文化创意食品包装设计。这个地方被誉为“东方地中海”，以丰富的海洋文化和闽东花岗岩石屋建筑而闻名，当地的特产为马祖的原生植物“金银花茶”。另外盛产虾和海菜，将这两样物产制成虾皮脆饼与芝麻海菜酥，这两样农产品即为芹壁村的特色农产品。在农产品包装设计上进行文创主要有两点，第一套石屋包装是在现有的上掀盒结构上，另外设计出屋顶状的结构，此为芹壁村当地最具特色的三种屋顶形式，分别是：四坡五脊、二背以及歇山顶，外加一栋以鱼寮造型的上开小盒，分别分装着不同的产品。第二套为礼盒包装，是一幅芹壁村的俯视图。包装

① 庞朴．文化的民族性与时代性 [M]. 北京：中国和平出版社 .1988：46.

设计结合芹壁村传统文化特色，融入闽东花岗岩石屋元素，整体包装独具民族气息。从以上论述可以看出，文化的应用对其价值的实现起着关键作用。现代产品的形式再现古时的审美，将古代的美学要素与现代的审美标准相融合，并经过创意设计赋予文创产品一定的文化深度，增加游客对旅游地的识别度，对于乡村的特色农产品来说，对设计主体进行文化审视，设计出具有文化美的包装，它不仅是简单的图案应用，也应该和其他工业产品一样通过形态、材质、色彩、结构给产品赋予一定的文化意义，从而满足人们的审美需求。拉近与游客的距离，才能博得大众的喜爱，成为畅销的文创产品。

4. 生态价值

很多学者将生态价值归入伦理价值，为了突出生态价值在乡村旅游文创产品设计中的重要性，笔者将其提取出来作为一个单独的价值存在形态。生态价值体现的是“人、自然、物质生产生活方式”的协调发展，在面对人口、资源环境问题日趋严峻的情况下，生态设计已经成为思考设计的普遍方式。美国设计理论家维克多·帕帕奈克早在20世纪70年代《为真实的世界设计》一书中提出了三个价值目标，其中第三点谈到设计应该认真考虑地球资源使用的问题，应该为保护有限的资源服务①。对于设计的具体实践过程中，乡村文创产品关注生态价值的设计一方面对人类生活状态进行的探讨，另一方面则是对人类生态环境进行的思考。乡村旅游是有意识的自然的回归，基于乡村文化的文创产品设计应该也是有意识地提倡传统乡村生活智慧的回归。传统手工艺有一个非常明显的特征，其生产、发展和呈现的状态与催生这种技艺的环境密不可分。这种环境因素包括自然、人文环境以及社会背景与社会变迁的历史等因素。②另外，乡村体现的是一种人文生态，人们从自然环境中筛选出各种原料、药材、饮食，根据当地风俗而形成特定地域文化产物，是人民生产生活不断积累的造物智慧和文化传统。例如，二元纸是梁平县境

① 张述林，李源，刘佳瑜，等．乡村旅游发展规划研究：理论与实践 [M]. 北京：科学出版社，2014.

② 王文章．非物质文化遗产概论 [M]. 北京：教育科学出版社，2013.

内古老的土法造纸手工技艺“纸的制作，首在于料”。[①]而梁平县气候温和，雨水充沛，土壤深厚，适宜白夹竹等竹类生长，产量高的白夹竹，是造纸的上好原料。二元纸原料选择耗时、耗力，相当讲究，且造纸技艺工序繁杂，是一项技术性强的重复性工作。这种依附于传统造物哲学基础上的手工文化和人文传统，正是工业化的现代设计所缺乏的，可以为当前设计的绿色主义提供参照。

此外，生态价值不仅体现在设计上，乡村地区根据地理环境种植农作物，农事活动讲究“春耕、夏耘、秋收”顺应天时的自然节律，且讲究“天人合一”“施法自然”的生态观，这不仅体现了农产品绿色环保的生态价值，这种观念对乡村本土设计也具有重要的意义和价值。秭归县在端午节的一系列活动：熏艾、挂菖蒲、喝雄黄酒，从中草药学上来说不只是起到心理安慰作用，也充分展示了生活在中华大地上的所有百姓对疾病的抵制与对健康的渴求。

新时代背景下，将生态文明建设已纳入社会发展的基本体系中，环保、崇尚绿色、低碳生活成为人们全新的社会生活方式。因此，要积极探索科技、生态自然和文化三者融合创新发展之路，从而实现社会经济的高质量发展。

5. 社会价值

社会价值是指“产品”作为客体对社会产品的效应，是内在的、长期的价值。因为社会政治、经济、文化状况的发展对产品的发展有着深刻的影响，所以社会价值是每个历史时期的设计所具有的客观存在设计的价值是设计所表现出来的社会意义，对设计师本身而言，重要的不仅是创造，更应该注重社会责任感[②]。文创产品运用多种设计元素和技术手段，在感官层面给用户制造外在刺激，却不去思考和提升用户的内在需求，将无法赢得用户的忠诚。设计师应该站在用户的角度，深入理解用户内心的需求，打破常规购买产品的解读思路，提供角度引导用户建立起对产品的价值观认同，对乡村的思考，

①秦臻.绿色设计视域下的手工艺生态文化分析——以梁平二元纸工艺为例[J].生态经济(学术版),2014(2):84-87.

②杨丽娟,高瑞敏.三峡库区传统手工艺创新应用与可持续研究[J].生态经济(学术版),2014(2):100-104.

对产品价值的升华。设计师的职能不只是“美化”，还应承担社会责任，社会价值是前三个价值层次稳步发展之后自然产生的价值层次，五个价值层面的塑造，需要村民、专业设计师、政府机构等主体积极参与，表达出不同的观点。设计是有目的、有条件、合理化与创造性的综合造形活动，讲人与物互动的社会性，营造生活形态，形成生活文化，营造人性化的生活环境。简言之，设计是文化创意，最终的目的在于形成生活文化，营造人性化的生活环境。在坚持文化差异和文明多样性的基础上，保持本土的文化特色，消除文化误读。提高公众对文化的认知度，建立世界文化认同，扩大文化的传播力和影响力，使文化创意产品具有国际吸引力和竞争力。正如学者张振鹏提出，文化创意产品具有承载社会核心价值观、塑造国家形象，传输国家的意识形态、把握文化发展脉络，反映现代的审美和文化价值、建立世界文化认同等价值。

（二）影响设计价值的因子分析

基于以上论述，可以看出设计价值的实现是多方面的，所以我们有必要建立影响设计价值元素的分析。目前对于设计艺术语言的研究，主要集中在国外的设计团队中。卡内基梅隆大学的杰伊·P. 麦科马克 (Jay P. McCormack) 等人提出了一种基于文化算法的设计语汇取与演化方法，并选择别克汽车设计过程进行了论证和说明[①]。国内浙江大学的设计研究团队提出了基于视觉、行为和情感的产品族设计语言研究方法。本书基于对统计学方法的认识，以及在深入分析现有文创产品设计价值的构成和因子提取的方法，提出了一套基于层次分析法的影响文创产品设计价值的因子模型，为文创产品设计与实践提供参考方法。本书研究主要运用的方法是层次分析法、因子分析法和问卷调查法，通过定性、定量分析得出相关结论。旨在收集设计价值评价因子，为后续乡村文化资源价值的提取和设计价值的评估奠定基础。

（三）构建文创产品设计价值评价体系

设计价值的影响因子应该是从上到下逐步细化的过程，基于对乡村文创

① 张振鹏．中国文化创意产品优秀特质及实现 [J]. 求实，2012(10):73-76.

产品设计价值进行分析的目的，我们设定文化价值、经济价值、审美价值、生态价值、社会价值五个方面作为设计价值的影响因子的一级指标。为了让数据更加精准和客观，以一级指标为基础，设定二级指标，对一级指标的存在形态往下再进行单层次的分类，二级指标的建立是为了最终运算层指标的构建。通过设计价值影响因子的分析，得到如图(图3-2)的设计价值评价体系，这不仅为设计师在产品设计时衡量一个好的文创产品设计提供了重要的设计依据，还为下文作出设计策略提供了依据。同时，乡村文创产品的设计价值因子基准的设定也可以为设计价值研究者提供新的思路及参考。

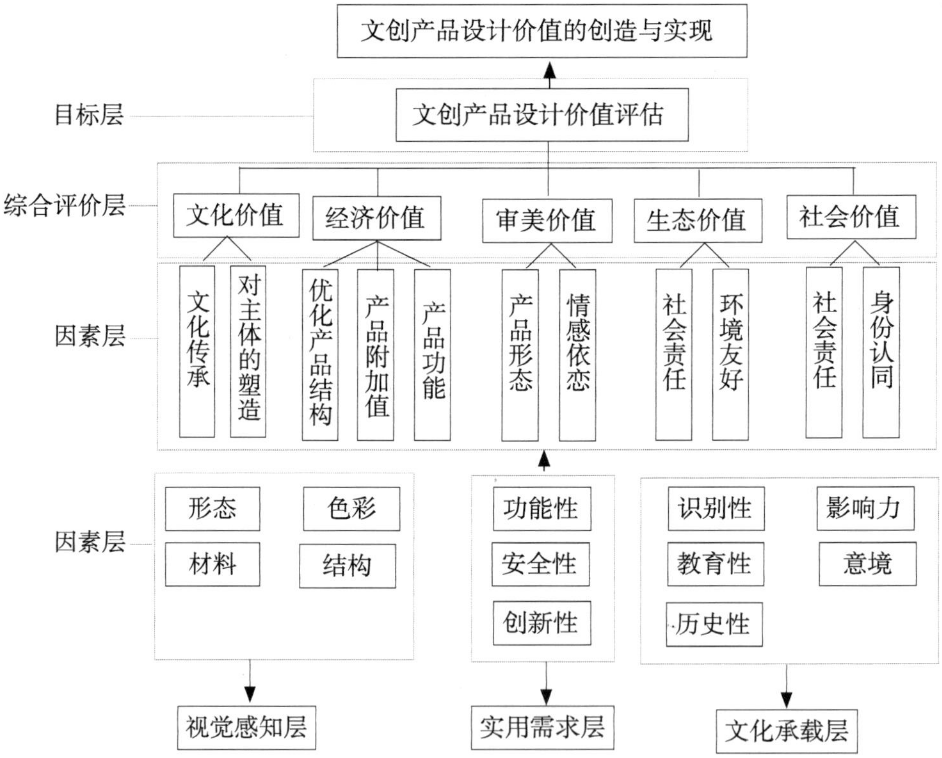

图3-2 设计价值评价体系

三、生产与品质管理

（一）原材料选择和供应链管理

乡村文化产品往往以独特的文化内涵和本土特色吸引消费者，因此对原材料的选择尤为重要，它不仅影响着产品的品质和特性，还与消费者的期望直接相关。在原材料的选择中，必须确保其具备良好的品质、环保性和可持续性。为了满足这些要求，供应链的稳定性和效率至关重要。首先要深入了解产品所需的各类原材料，并综合评估这些原材料的特性，以确保它们符合乡村文化产品的设计理念。例如，如果目标强调本土性，选用具有当地特色的原材料将大大提升产品的吸引力。如果产品注重可持续发展，则必须优先考虑生态友好型材料。为了确保质量，在采购时需与供应商密切合作，明确原材料的质量标准，确保供应商有能力提供符合要求的材料。供应链管理的首要目标是确保原材料的稳定供应，以满足生产的需求。首先，需要与合适的供应商建立长期合作关系，以维持原材料的持续供应。在选择供应商时，必须仔细评估其资质和生产能力，确保其在规模和质量方面满足需求。其次，为了降低供应链的风险，需要设立多个备选供应商，确保在主要供应商无法供货时能够及时找到替代品。最后，与供应商的沟通也非常重要，应当定期与供应商交流市场需求、产品质量标准和生产计划，使他们了解产品开发的动态和变化，并适应不同阶段的供货需求。

在供应链管理的过程中，制订详细的采购计划和库存管理策略同样至关重要。根据生产计划和市场需求，提前做好原材料的采购计划，以防止出现供不应求或库存过剩的情况。在库存管理上，需要合理设置库存水平，保持适当的库存量，以防止因库存不足影响生产，也避免库存过多造成资金积压。为了实现这一目标，可以引入信息化管理手段，例如利用企业资源计划（ERP）系统实时监控原材料的库存状况和采购需求，确保采购和库存能够紧密匹配生产计划。质量管理是供应链管理的另一个重要方面。在原材料的采购和供应链的每个环节，都需要进行质量检测和评估，以确保产品的质量能够满足设计和市场的要求。通过对供应商的定期审核和质量控制，可以及时发现潜在的问题并采取改进措施。在原材料进入生产流程之前，进行抽样检测和严格的入库检验，杜绝不合格材料进入生产线。建立完整的质量追溯体系，可以在发现质量问题时快速定位问题源头并加以解决。供应链管理还应注重绿色和可持续发展。乡村文化产品通常需要符合生态环保理念，这要求对原材料的选择不仅要符合质量标准，还需在生产和运输过程中降低对环境的负面影响。在生产过程中应尽可能减少化学制剂使用的原材料，确保它们的可持续性。在物流和运输环节，选择绿色环保的包装和运输方式，进一步降低碳足迹。总之，原材料选择和供应链管理是乡村文化产品开发流程中的关键环节，它直接影响着产品的质量和特色，进而影响消费者的认可度。通过对原材料的合理选择与供应链的科学管理，能够有效确保产品的持续供应、质量稳定和生态友好，从而帮助乡村文化产品在市场上取得成功。

（二）生产计划和工艺流程设计

生产计划和工艺流程设计在乡村文化产品的设计与开发流程中是至关重要的环节，它们直接影响着产品的生产效率、品质稳定性和市场竞争力。在制订生产计划时，需紧密结合市场需求、订单量和供应链状况，以确保生产的稳定性与高效性。合理的生产计划应该能准确反映市场趋势，提前预测销售需求，并根据产品特性和生产周期制定科学的生产目标。在这个过程中，需确保生产计划既能满足订单需求又不会出现过量生产或库存积压，避免资源浪费和财务负担。生产计划的制订必须充分考虑工艺流程的复杂性与各环节的衔接性，确保不同生产环节之间无缝对接，实现产能最大化。需要有灵活的生产调整机制，确保能够在市场需求发生波动时迅速响应。

工艺流程设计应围绕着乡村文化产品的特色与品质要求进行，为了体现产品的独特文化内涵与地域特性，工艺流程需要特别注重手工工艺与现代化技术相结合的方式，在保证生产效率的同时赋予产品独特的质感与个性。工艺流程设计不仅是为生产提供具体的操作步骤，更应充分考虑生产设备的配置、原材料的供应和生产人员的技能水平。合理的工艺流程设计应确保每道工序之间相互连贯，减少不必要的操作和浪费，确保生产线能够高效运转。对生产线的整体布局需要经过仔细规划，将生产环节科学排列，确保原材料的流动顺畅，并通过合理配置生产人员提高整体生产效率。生产线设计还需充分考虑品质管控的要求，在每个关键工序中加入质量检测环节，通过对生产过程中的质量监控及早发现潜在问题，确保最终产品符合市场和设计要求。生产计划和工艺流程设计的另一个重要方面在于优化生产资源的利用。通过合理安排生产批次和生产顺序，最大限度地利用生产设备和人力资源，减少生产过程中的停机和等待时间。在生产人员的调配上，需根据工艺流程的复杂性与生产目标合理分配人力，以确保每个生产环节都能达到预期产能并保持较高的工作效率。对生产设备的日常维护与检修也是工艺流程设计中的重要部分，通过对关键设备的定期保养与检查，能够减少因设备故障导致的停机时间并延长设备使用寿命，提高整体生产效率。信息化管理工具的引入也有助于生产计划与工艺流程的有效实施，例如利用企业资源计划系统实时监控生产进度和设备状态，及时发现生产过程中可能出现的问题并进行调整，确保生产计划得以高效执行。为了满足乡村文化产品的独特品质要求，工艺流程设计需注重细节，例如对每道工序的操作规范与质量标准进行明确规定，为生产人员提供详细的操作指南与培训，以确保生产过程中每个细节都能符合产品设计的初衷与市场的期望。生产计划与工艺流程的紧密结合能够确保生产活动顺畅开展，并在生产效率与品质稳定性之间达到平衡。综合考虑市场需求、生产资源与工艺流程的特性，通过科学合理的生产计划与工艺流程设计，乡村文化产品得以在市场上建立起独特的竞争优势，并在激烈的市场竞争中赢得消费者的青睐。

（三）生产与品质管理

生产管理涉及合理规划生产流程、有效配置资源、优化生产效率等方面，目的在于确保产品能够按时按量生产。生产计划的制订需以市场需求为导向，紧密结合订单量、季节性因素和库存状况，从而确保生产目标的科学性与灵活性。生产流程的合理设计应当符合乡村文化产品的特性，将工艺流程科学地分配到不同的生产阶段，确保各环节之间紧密衔接。为提高生产效率，工艺流程设计需保持连贯性并减少不必要的操作环节，通过合理配置生产线和人力资源来提高整体的生产效率。利用信息化管理系统对生产进度进行实时监控，可及时发现生产过程中可能出现的问题并迅速调整生产计划，确保生产线的高效运转与顺畅。生产资源的优化利用是生产管理的重要方面，对生产设备的定期维护与检修能够减少设备故障导致的停工停产风险，延长设备的使用寿命并保持较高的生产效率。合理配置生产人员，确保每个生产环节都有人力支持，并通过定期的培训提高工人操作技能和工作效率，可以确保生产流程顺畅并保持较高的产能。此外，科学的生产管理还应注重生产线布局与物流体系设计，确保原材料与成品的流动顺畅，以减少运输和等待时间，实现生产效率的最大化。

品质管理是生产管理的关键部分，乡村文化产品通常具有独特的文化内涵与地域特色，品质管理应以保持这些特色与市场要求相一致。品质管理应贯穿于生产流程的每个环节，设立严格的质量标准与操作规范并明确每个环节的质量责任，对各生产工序进行质量检测与监控，确保每个生产阶段都符合产品设计的要求与客户的期望。通过对生产过程的质量检测可以及时发现潜在问题并迅速纠正，以免次品进入市场损害企业声誉。全面的质量追溯体系能够在发现质量问题时迅速定位并追踪问题源头，采取措施改进生产工艺与流程，确保质量问题不再重复发生。原材料的品质对乡村文化产品的质量影响重大，在原材料采购阶段需要进行严格的供应商筛选与审核，确保供应商具备提供符合标准的原材料的能力。对供应商进行定期审核与质量检测以确保原材料始终符合质量要求，并通过与供应商保持紧密沟通及时掌握市场需求与生产计划的变化，使供应链能够及时调整供货策略确保生产线的稳定供货。在成品检测环节，应设置专门的质量检验程序，严格检测成品的外观、功能和品质指标，以确保产品符合市场需求和客户的期望。品质管理的持续改进是一个不断完善的过程，需定期收集客户的反馈意见与市场表现，对产品质量与生产流程进行全面评估，以及时发现问题并采取措施进行持续改进，不断提高产品品质与生产效率。通过科学的生产与品质管理体系，乡村文化产品不仅可以确保按时按量生产，还能凭借优质的品质赢得客户信赖并在市场竞争中建立起独特的竞争优势。

（四）包装与物流

包装与物流在乡村文化产品的设计与开发流程中至关重要。包装不仅是产品的外壳，更是产品与消费者沟通的桥梁，承载了品牌形象和文化内涵，直接影响消费者的购买决策。有效的包装设计应考虑乡村文化产品的独特性，充分体现其中蕴含的文化元素、地域特色和品牌价值，在美观的同时兼顾实用性。设计上应以吸引消费者的注意力为目标，使其在零售环节脱颖而出，同时包装材料必须具备足够的保护性能，以确保产品在运输和存储过程中不受损坏。对食品、手工艺品等乡村文化产品而言，包装还需符合相关的法律法规与安全标准，确保产品在包装材料的包裹下保持卫生和新鲜。在包装材料的选择方面，环保与可持续性是至关重要的考虑因素。优先选用可降解、可再生材料以及减少包装材料的使用，能够降低对环境的影响，符合绿色消费的潮流。为减少物流运输的成本，包装应尽量减少多余空间，并确保在物流过程中尽量降低重量，以减少运输能耗。可重复使用或可回收的包装设计不仅环保，还能强化品牌形象与消费者忠诚度。包装的设计还应注重用户体验，确保消费者能够轻松地打开包装。

物流管理是确保乡村文化产品高效配送的重要环节，通过优化物流体系能够实现更快、更经济的配送。由于乡村文化产品往往来自偏远的乡村地区，在物流规划中应充分考虑交通条件、运输成本以及运输时间等因素，确保产品能够及时送达客户并保持良好的状态。建立完善的物流网络可以实现产品配送的快速反应，根据不同地区的销售需求规划合理的仓储和配送路线，降低物流成本并确保产品的新鲜度。结合信息技术，可以通过实时跟踪物流状态，使生产商和客户都能够了解产品的配送进度，从而提高物流体系的透明度与可信度。物流管理还需要与供应链管理紧密结合，通过与供应商保持良好的合作关系能够确保物流流程的顺畅。在原材料供应阶段，合理的物流安排能够确保生产线不受供货周期的影响；在成品配送阶段，科学的物流网络能够实现成品的按需配送，避免库存积压或缺货。在应对季节性需求波动时，物流体系的灵活性也尤为重要，通过提前储备库存或增加临时配送渠道，确保乡村文化产品能够在市场需求高峰期保持足够的供货能力。为了进一步提高物流效率和降低成本，乡村文化产品的物流管理应注重与第三方物流公司合作，充分利用其在运输、仓储和配送方面的专业能力与网络资源，确保产品能够高效、经济地配送到消费者手中。与此同时，企业也可以建立自有物流团队以应对特殊的配送需求。合理的物流管理不仅有助于提升产品的市场竞争力，还可以增强客户对品牌的信赖。在乡村文化产品的设计与开发流程中，包装与物流管理作为产品交付中的重要一环，既能够强化产品的品牌形象与文化内涵，也能够保障生产链与供应链的顺畅。通过精心设计的包装与科学合理的物流管理，乡村文化产品能够有效提升产品的市场竞争力与客户满意度，在市场上建立起良好的口碑与品牌形象。包装与物流管理的有效结合，可以确保乡村文化产品的高质量形象传递到消费者手中，实现品牌传播与客户服务的双重目标，助力乡村文化产品在市场上脱颖而出并赢得消费者的青睐。

四、营销与推广

（一）营销策略制定

要制定有效的营销策略，就必须深度了解目标市场和消费群体，明确产品所代表的文化价值和独特属性，从而使营销策略符合产品的独特性和消费者的需求。通过市场调研和消费者洞察，找出乡村文化产品的核心受众并确定其消费偏好，为其量身定制营销策略。明确产品的目标市场可以有效细分消费人群，确保不同的宣传渠道、销售模式和推广活动能够精准定位客户。文化产品应注重文化内涵的传播，通过讲述产品背后的故事、弘扬产品所蕴含的地域文化与传统技艺，以塑造鲜明的品牌形象与价值观。品牌定位应符合产品的独特性并确保能在市场中脱颖而出。乡村文化产品通常具有独特的文化内涵与传统元素，因此，品牌定位需紧密结合产品的这些特性，以品牌故事和视觉识别体系向消费者传递一致的价值理念。通过明确的品牌定位，能够在消费者心中形成深刻印象，建立起信任与忠诚度。打造鲜明的品牌形象不仅有助于吸引目标消费群体，还能增强产品在市场上的竞争力。销售渠道的选择应紧密结合产品的特性与目标市场的消费行为，以实现广泛的市场覆盖与高效的销售转化。线下销售渠道可以借助乡村旅游、手工艺品市场或展销会，结合产品的地域特色进行现场推广与体验销售，为消费者提供互动式的购物体验。线上销售渠道可以通过电商平台、社交媒体和企业自有网站，扩大产品的知名度并实现跨地域销售。线上线下的营销模式相结合，不仅可以满足不同客户的购买需求，还能够增强品牌的互动性与忠诚度。通过电子商务平台的直播、短视频和在线互动形式，能够向更广泛的受众展示产品的独特魅力并提高他们的购买兴趣。价格策略是营销策略的核心组成部分，乡村文化产品通常因其独特的文化内涵与手工工艺而具有较高的价值，因此，价格策略应结合产品的品牌定位、市场竞争状况与消费心理，以确保既能体现产品的真实价值，又能被目标客户接受。可以采取多样化的定价策略，根据不同销售渠道和产品组合制定灵活的价格体系，提高产品在不同市场与消费群体中的竞争力。通过限时优惠、打折活动或捆绑销售的方式，能够提升消费者的购买意愿并增加产品的销售量。促销活动与品牌推广是营销策略制定中的重要环节，通过整合线上线下的宣传资源，将产品的核心卖点和品牌故事传递给更多的潜在客户。借助社交媒体、搜索引擎和新闻媒体的力量，可以有效扩大产品的知名度和品牌影响力。可以邀请当地的文化名人、非遗传承人或知名博主担任品牌代言人，通过他们的影响力推广产品的文化价值。借助展览、节庆或文化交流活动，将产品的文化元素融入其中，通过互动式的推广活动吸引消费者的注意力并增强他们对产品的了解与兴趣。通过制定有效的营销策略，乡村文化产品能够建立起鲜明的品牌形象与价值理念，在市场上赢得目标消费群体的认可。营销策略需结合产品的特性与市场趋势不断做调整，以满足消费者日益变化的需求。通过市场调研、消费者洞察、品牌定位、销售渠道、价格策略与促销推广的全面整合，乡村文化产品可以实现精准的市场覆盖与持续的销售增长，并在激烈的市场竞争中赢得更多机会。

（二）口碑营销

口碑营销在乡村文化产品的设计与开发流程中占据着不可替代的重要地位，能够帮助品牌通过真实的消费者体验、社交互动与社区共鸣形成积极的市场认知。对于乡村文化产品来说，口碑营销基于消费者对产品的喜爱、认同和信任，以口口相传的方式将品牌故事和文化内涵传递给潜在消费者，进而建立起忠实的客户群体和良好的市场口碑。实现这一目标的首要条件是确保产品本身具备卓越的品质与独特的文化价值，让消费者真正感受到品牌所倡导的理念和愿景，并愿意主动分享体验与评价。为了更好地促进口碑营销，首先需要在产品品质上下功夫，确保每一件乡村文化产品都符合品牌定位与客户期望，注重对每个细节的把控，给消费者提供独特且愉悦的使用体验。乡村文化产品的故事性和地域性特征应在设计与生产过程中充分体现，激发消费者的情感共鸣，使他们能够在产品中找到文化认同。品牌需要通过多渠道沟通将产品的故事和品牌愿景清晰地传递给消费者，让他们真正了解品牌的核心价值，并激发他们的分享欲望。企业还需要积极与消费者互动，倾听他们的反馈和需求，确保在产品迭代中不断满足他们的期望，提高消费者的满意度和忠诚度。社交媒体与线上社区为口碑营销提供了理想的平台，在这里消费者可以自由地分享他们的购买体验、展示产品使用的创意方式，并与其他消费者互动。品牌可以鼓励消费者通过社交媒体发布产品的使用心得和相关内容，给予积极的回应和激励，形成一种互利的关系。这种用户生成的内容能够为潜在消费者提供真实可靠的参考，并极大影响他们的购买决策。品牌可以通过举办线上线下的社区活动，邀请消费者参与品牌故事的共创，增强消费者的参与感与归属感，让他们真正成为品牌的代言人。在口碑营销策略中，寻找合适的意见领袖或文化名人合作可以产生更好的品牌传播效果。这些人往往在各自的领域有广泛的影响力和忠实的粉丝群体，通过他们的推荐可以将品牌信息传递给更多潜在客户。与此类意见领袖合作时，需确保他们的价值观与品牌愿景一致，以确保合作内容能够真实地反映产品与品牌的独特性，形成真实可信的传播效果。线下活动同样是口碑营销的重要组成部分，可以通过乡村文化体验、传统手工艺展示或产品发布会等方式，让消费者亲身感受产品的文化底蕴与工艺之美。借助展会、节庆等大型活动展示品牌，能够通过真实的互动让消费者深入了解产品，并激发他们主动分享体验的热情。在产品的售后服务与客户关怀上，应以消费者的满意度为核心，建立完善的售后保障机制，让消费者在任何时候都能够获得及时的帮助与支持，提高他们的信任感与忠诚度。通过优质的产品和互动式的体验，乡村文化产品可以有效利用口碑营销策略建立起较高的市场知名度与品牌忠诚度。品牌的文化内涵、地域特色与核心价值需要在口碑营销中不断强化，以确保传播内容始终符合品牌的整体愿景。借助真实的消费者分享、意见领袖的推荐以及线上线下的互动活动，乡村文化产品能够在市场上形成积极的口碑效应，让更多消费者通过真实的体验和感受了解品牌并与之建立情感联系，从而实现品牌影响力的持续传播与增长。

第三节　乡村文化产业的产品创新与差异化竞争

一、文化特色挖掘

乡村文化产业的产品创新与差异化竞争是一项具有重要意义的任务，其中文化特色挖掘是关键一步。在乡村地区，丰富的历史、传统和风俗构成了深厚的文化底蕴，这些文化资源经过充分地挖掘和利用，可以为乡村文化产业提供独特的产品创新方向。乡村文化的独特性主要体现在乡土建筑、传统节庆、民族手工艺、民俗活动等方面。这种独特性与现代市场需求相结合，可使乡村文化产品在激烈的竞争中形成差异化优势。通过深入挖掘历史文化资源，开发具有地域特色的文化产品，有助于在全球化背景下找到差异化竞争的切入点。挖掘的过程需要在尊重和保留原有文化的基础上，根据市场需求进行创新。比如，将传统节日文化与现代旅游、商业活动结合，设计互动性更强的民俗活动，将具有地方特色的工艺与现代设计理念结合，打造既有传承价值又符合现代审美的手工艺品。对乡土建筑而言，传统民居的建筑风格与结构是值得保护和发展的文化资源，可以通过修缮和改造为乡村旅游项目的特色住宿提供设计灵感。与之相关的民俗活动如集市、庙会等也可以在保持传统的基础上融入现代元素，吸引更多年轻人的参与。乡村文化特色挖掘不仅是从历史中寻找可利用的资源，还包括在当代生活中发现新的文化价值。比如，乡村的自然风光和农业景观可以成为文化旅游的亮点，农产品加工工艺和特色饮食也可以作为文化产品进行推广。通过文化特色的发掘和整合，将这些资源转化为具有竞争力的产品，使乡村文化产业在差异化竞争中保持活力。此外，对文化特色的挖掘离不开对品牌塑造的重视。通过合理的品牌战略，乡村文化产业可以打造出独具一格的地域品牌，提高市场认知度和品牌忠诚度，为产品创新和差异化竞争提供更有力的支持。在塑造品牌的过程中，线上和线下的宣传推广手段也需要结合使用，通过社交媒体、网络直播等现代化传播方式扩大文化特色产品的知名度和影响力，从而在全球范围内找到更多的目标受众。乡村文化产业在挖掘文化特色时，也应注重教育和推广工作，通过社区活动、讲座和媒体报道等方式，提高当地居民对自身文化的认识和自豪感，激发乡村居民的参与热情和创新活力。同时，在与其他产业如农业、旅游业和娱乐业的合作中，也可以探索出更多的文化特色产品形式，构建更加多元的产业格局。因此，乡村文化产业的产品创新与差异化竞争在文化特色挖掘中不仅体现了对传统资源的继承和创新，也要求在市场和消费者的需求基础上不断开拓新的文化价值。通过持续不断的文化挖掘工作，使乡村文化产品在现代市场中找到独特的竞争优势，从而推动整个乡村文化产业实现可持续发展。

二、现代技术融合

乡村文化产业有着丰富的资源和传统，但在现代经济发展中常常面临市场狭小、传播受限、产品单一等问题。通过现代技术的融合，这些问题可以得到有效缓解，并拓展新的发展渠道。乡村文化产品可以借助互联网平台，将本地特色产品推向更广阔的消费市场。电子商务和社交媒体让乡村的文化产品拥有了展示和推广的窗口，不再受地域和时间的限制，实现了线上线下相结合的销售模式。通过网络直播、短视频等新媒体传播形式，传统文化产品可以以更生动的方式呈现，吸引更多的年轻消费者。同时，数字化的社交媒体平台可以为消费者和生产者搭建起沟通的桥梁，产品和服务可以根据用户的反馈不断调整和改进。人工智能和大数据等技术的运用，也可以为乡村文化产业提供更具针对性的市场分析和消费洞察，帮助生产者精准定位目标市场，实现差异化竞争。在产品设计上，现代技术可以使传统的手工艺品和文化产品获得全新的设计思路，通过 3D 打印、虚拟现实等技术，生产出符合现代人审美和使用习惯的创新产品。在文化旅游方面，虚拟现实和增强现实等技术可以让游客在短时间内沉浸式体验乡村的历史与文化，从而对实地参观产生更强的兴趣。智能导游、语音翻译等科技应用可以使游客在乡村游览中获得更加便捷的体验，也能加深他们对乡村文化的了解。通过大数据分析，可以了解游客的兴趣点和消费习惯，为乡村旅游产品的设计和开发提供参考。在文化教育方面，远程教学、在线直播和数字资源库的建立，使乡村文化的学习和传播更加便捷。地方特色的传统文化课程和技艺传承课程可以通过线上平台实现知识共享，让更多人能够学习到乡村文化的精髓。对乡村的居民来说，技术融合可以帮助他们学习新的文化创作和产品营销技能，提高自身的文化产品设计和销售水平。通过在线教育平台，乡村居民可以掌握更多的互联网营销、数据分析等技能，为文化产品创新打下基础。现代技术的融合也在乡村文化品牌塑造中发挥了关键作用。通过互联网，乡村文化产业可以建立起独特的品牌形象，在全球范围内找到更多的目标消费者。社交媒体营销、品牌故事传播、口碑营销等策略的结合，使乡村文化品牌拥有了更加丰富的传播渠道，从而在激烈的市场竞争中获得差异化优势。现代技术还在产业的协同与合作中发挥着重要作用，通过物联网和供应链管理系统，乡村文化产业可以与其他产业如农业、旅游业和制造业紧密结合，实现资源共享和合作共赢，形成一个相互支持的产业生态圈。这种协同效应可以使乡村文化产业在产品创新和差异化竞争中保持领先地位。因此，现代技术融合在乡村文化产业的产品创新和差异化竞争中，既为传统文化发展注入新的活力，也为其发展提供了更广阔的前景。通过科学技术的赋能，乡村文化产业能够找到符合时代潮流的发展方向，实现可持续的创新和竞争力提升。

三、市场细分

乡村文化资源丰富，但其市场需求多样化且分散，为了更有效地满足不同消费者的需求，文化产品的设计和推广需要针对特定群体开展市场细分。在分析乡村文化产品的消费者时，可以根据其年龄、职业、兴趣、收入水平等多维度进行分类，以满足不同层次和需求的市场。对于年轻人，乡村文化产品需要体现新鲜感、互动性和数字化特征，可以开发互动性强的体验项目，如乡村主题的电子竞技、传统文化元素的数字艺术等，既符合年轻人的文化审美，也能让他们对传统文化产生更大的兴趣。为老年人设计的产品则应更加注重怀旧和健康，比如组织乡村传统文化的养生讲座、开发具有乡村特色的休闲养老项目，满足他们对乡村宁静生活的追求。职业和收入水平的不同也影响着文化消费的方式，对一些中高收入人群而言，定制化、个性化和高品质的乡村文化产品更具吸引力。可以通过为他们提供私密的乡村文化游览路线，打造定制化的手工艺品和特色食品等方式，增强消费体验。而对收入较低的群体来说，性价比高、价格适中的乡村文化产品更符合他们的需求，可以推出一些经济实惠的乡村旅游套餐，或者举办地方文化体验活动，既能让他们感受到乡村文化的魅力，也不会增加过多的经济负担。在市场细分中，还需要考虑不同地区的文化消费习惯与特色，结合当地的市场需求和消费能力，调整乡村文化产品的定位和销售策略。比如，对大城市的消费者来说，乡村文化产品可以突出田园风光、乡村生活方式的独特魅力，以提供一种逃离城市喧嚣的体验。对于本地及周边区域的消费者来说，乡村文化产品更需要考虑他们熟悉的文化背景，推出符合当地风俗习惯的体验项目。在市场推广方面，市场细分也需要体现在品牌策略和宣传方式上。针对不同群体的消费偏好，制定相应的广告创意和传播渠道，让不同层次的消费者能够更好地理解和认同乡村文化产品的价值。对于年轻一代，社交媒体和数字营销是重要的宣传手段，可以通过短视频、直播等方式传达乡村文化的独特性。对中老年群体而言，线下的宣传活动和社区广告更有效，比如在社区文化活动中进行产品展示，或者通过口碑传播等方式增强市场渗透力。通过市场细分，乡村文化产品的创新方向可以更加清晰，差异化竞争的优势也能够得到最大化发挥。企业和机构可以更有针对性地开发新的文化产品和服务模式，使其与目标受众的需求高度匹配，提高产品的市场竞争力和盈利能力。在这个过程中，还需与不同的产业合作，充分利用农业、旅游业等资源，提供更为丰富的综合性乡村文化体验。市场细分为乡村文化产业的产品创新提供了明确的目标方向，也是建立差异化竞争优势的基础。通过不断细化市场调研、优化产品设计和调整营销策略，乡村文化产业可以实现精准定位，满足不同市场的独特需求，从而推动产业的整体发展。

四、跨界合作

跨界合作是乡村文化产业产品创新与差异化竞争的重要策略，能够将传统乡村文化与其他产业资源相融合，实现优势互补与资源共享。通过与农业、旅游业、娱乐业、互联网等领域的合作，乡村文化产业能够扩展产品线，提高创新能力和市场竞争力。农业是乡村文化产业跨界合作的重要领域。结合乡村的农业资源，通过农产品种植和加工，与文化创意相融合，开发具有地方特色的文化农产品。比如，将当地特色农产品融入美食节、采摘节等文化活动，让游客在体验农事的同时感受乡村的文化氛围。将传统手工艺与现代农业相结合，也可开发出别具一格的包装、纪念品，提高乡村农产品的附加值。旅游业在乡村文化产业的跨界合作中也起着重要的作用。通过与旅游产业的结合，乡村文化资源可以转化为丰富的旅游体验项目，将传统文化元素融入乡村民宿、特色村落、田园体验、民俗活动等旅游产品中，形成独特的文化旅游品牌。游客在旅游过程中，能够近距离接触乡村文化，深入了解当地的传统风俗与历史，增强对乡村文化产品的消费兴趣。同时，旅游业也为乡村文化产业提供了更广阔的销售渠道，通过文化体验与旅游纪念品等形式增加产品销量。娱乐业是乡村文化产业的另一个合作领域。通过乡村文化与娱乐形式的结合，能够创造出多样化的文化娱乐产品。比如，将当地传统戏曲与现代剧场结合，打造地方特色演出；将乡村文化融入音乐节、电影节等娱乐活动，吸引更多年轻人参与。借助现代媒体技术，通过直播、短视频等形式，将乡村文化的娱乐产品推向更广泛的消费群体。互联网为乡村文化产业跨界合作提供了新的渠道，通过电子商务平台、社交媒体、数字营销等方式，乡村文化产品能够触达全球市场，实现线上线下结合的销售模式。跨界合作的核心是资源共享和互利共赢，通过打破行业之间的壁垒，将不同领域的优势资源相结合，为乡村文化产业发展注入新的活力。通过与不同产业的合作，乡村文化产业不仅可以丰富自身的产品形式和内涵，还能够拓展销售渠道，提高品牌知名度和市场竞争力。在跨界合作的过程中，不仅要注重文化资源的充分挖掘和合理利用，还要尊重合作伙伴的需求和市场规律，确保合作项目能够满足双方的利益和目标。同时，跨界合作也需要政府和相关机构的支持和引导，为合作项目提供政策、资金和技术支持，确保合作顺利开展。跨界合作是乡村文化产业产品创新和差异化竞争的有效策略，通过资源整合和多元化的合作形式，乡村文化产业能够更好地适应现代市场的变化，实现可持续发展。通过不断深化跨界合作，乡村文化产业能够在日益激烈的市场竞争中找到新的增长点，为乡村振兴和经济发展作出更大贡献。

第四章　乡村文化产业的市场营销与推广

第一节　市场营销在乡村文化产业中的重要性

一、传播乡村文化价值观

乡村文化作为一种与自然和谐共生、强调朴实劳动与传统技艺的文化形态，蕴含着丰富的价值观，包括对自然的敬畏与尊重、人与人之间的互助与合作以及对传统手工艺的热爱与传承等。然而，由于城乡差异和社会认知的局限，乡村文化价值观在现代社会中容易被忽略或误解。市场营销通过一系列有针对性的传播策略，可以帮助乡村文化产业更有效地传播这些价值观，从而扩大文化产品的影响力并提升受众的参与度与认可度。在传播乡村文化价值观时，首先要清晰定位目标受众。不同人群对乡村文化的理解和需求不同，因此应根据年龄、职业、兴趣、地域等因素设计个性化的传播内容。对于生活在城市的年轻人，乡村文化价值观可以通过新颖的方式呈现，比如与时尚元素相结合，将传统农事活动和手工艺品打造成富有潮流感的体验和商品，激发年轻人对乡村文化的兴趣。对于中年和老年人，乡村文化价值观应强调回归自然、健康养生的理念，突出乡村生活的宁静与舒适，让他们意识到乡村文化带来的身心放松与快乐。社交媒体在现代传播中具有重要地位，通过短视频、直播、照片分享等方式，乡村文化可以以生动直观的形式呈现。在直播中，观众可以看到乡村手工艺人专注制作、农民辛勤耕作以及乡村节日庆典的热闹场面，感受到人与自然和谐共生的美好。短视频可以通过简短的叙事展现乡村生活的乐趣与挑战，让人们从不同角度理解乡村文化价值。社交媒体的互动性还为乡村文化传播提供了与受众直接交流的机会，通过及时回应和反馈，使受众更容易产生共鸣并认可乡村文化价值观。线下的营销策略也不可忽视，通过举办乡村文化节、传统手工艺展示、乡村集市等活动，吸引不同年龄层和社会阶层的受众深入体验乡村文化。在乡村旅游项目中，游客可以通过导游的讲解、参与当地的农事活动或品尝特色乡村美食等方式，全方位感受乡村文化的独特魅力。这种沉浸式体验能够让游客更直观地理解乡村文化价值观，从而激发他们的消费兴趣。通过展览、讲座、电视节目等形式，乡村文化可以面向更广泛的受众，帮助人们树立对乡村文化价值观的全面认识。在市场营销中传播乡村文化价值观，最终是为了提高乡村文化产品的吸引力和竞争力。通过赋予乡村文化产品更深层次的价值，使其不再仅仅是简单的商品，而是承载着对乡村文化的热爱与认同。手工艺品、特色农产品、文化旅游产品等都可以通过讲述其背后的乡村文化故事，将消费者与乡村文化紧密联系在一起。总之，市场营销在乡村文化产业中承担着传播乡村文化价值观的重要任务，通过多渠道、多层次的营销策略，使乡村文化的核心价值能被更多人接受与传播，这不仅可以提高乡村文化产品的销量与知名度，也能够促进整个乡村文化产业的可持续发展。

二、提升乡村品牌形象

乡村文化资源丰富多样，但如果无法通过有效的品牌建设和营销策略将其独特之处呈现给目标受众，便很难在激烈的市场竞争中脱颖而出。一个鲜明的乡村品牌形象能够赋予乡村文化产品独特的个性，吸引消费者对其产生兴趣和忠诚，最终实现乡村文化产业的可持续发展。打造和提升乡村品牌形象，首先要挖掘并提炼当地文化的独特价值。每个乡村都拥有与其历史、地理、民俗相关的特色文化元素，将这些元素整合进品牌定位和价值观，能够为品牌注入鲜明的乡土情怀和地方特色。比如，通过深入挖掘当地的传统手工艺、乡村节庆、农事活动等，将这些独特文化融入品牌故事，使乡村品牌具有鲜明的历史沉淀和情感共鸣。与此同时，还需要避免同质化，确保品牌形象在众多乡村文化品牌中独具一格，建立起差异化的市场竞争优势。市场营销的关键在于讲述能够打动人心的品牌故事。通过市场调研，了解目标受众对乡村文化的兴趣点和认知程度，以他们能够接受和理解的方式，将乡村品牌的故事传播出去。这个故事不仅要讲述乡村文化产品本身的优点，还要传达乡村人热爱土地、辛勤耕耘的精神和人与自然和谐相处的理念，让消费者在认同品牌价值观的同时，对产品产生归属感。通过视频、图文、短片、访谈等多种形式，可以让品牌故事更具感染力和传播效果，确保其在受众心中留下深刻印象。社交媒体和电子商务平台是现代市场营销中不可或缺的工具，利用这些渠道能够更好地提升乡村品牌形象。社交媒体通过互动和分享的方式，让乡村文化品牌与目标受众建立直接联系，及时回应他们的反馈与建议，使消费者在参与中进一步了解品牌背后的故事与价值观。同时，通过短视频、直播等更直观、生动的形式展示乡村品牌的魅力。电子商务平台则为乡村文化产品开辟了更广阔的市场，通过线上销售渠道，让远离乡村的消费者也能轻松获取品牌产品，在享受便利的同时对品牌产生信任和忠诚。线下的营销活动同样重要，通过举办乡村文化节、特色农产品展销会、文化创意集市等方式，能够将乡村品牌的核心理念带到消费者的日常生活中。在乡村旅游项目中，将乡村品牌形象贯穿到每个细节，包括景点导游词、纪念品设计、住宿服务等，让游客在沉浸式体验中感受到品牌的独特个性。展览、广告和电视节目等传统媒体形式也可以通过定期的宣传，使品牌形象深入人心。政府和相关机构的政策支持能够进一步推动乡村品牌形象的建立与传播，在乡村振兴政策的指导下，确保乡村品牌建设符合当地的特色文化与产业需求。通过市场营销不断提升乡村品牌形象，能够让乡村文化产业获得更高的知名度与美誉度，实现产品附加值和消费者忠诚度的双重提升，并促进乡村经济的可持续发展。

三、促进乡村旅游发展

乡村文化资源丰富多样，结合当地的自然风光和独特风俗，可以为游客提供独特的旅游体验。然而，由于宣传渠道不足、市场认知不充分等原因，乡村旅游资源常常得不到有效开发与推广。市场营销通过多元化的策略和有效的传播渠道，能够提升乡村旅游的知名度与吸引力，促使更多游客了解并体验乡村旅游项目，推动乡村文化产业的整体发展。乡村旅游的核心竞争力在于其独特的文化内涵与自然资源。通过精准的市场调研，营销策略可以将目标受众的需求与乡村旅游的特色资源结合起来，打造差异化的品牌形象。例如，针对年轻一代，乡村旅游可以强调与大自然互动的乐趣，推出极限运动、户外探险等项目；对于亲子家庭，可以突出农事体验、乡村手工艺等寓教于乐的活动；对于中老年游客，健康养生、乡村田园风光等更具吸引力。根据不同群体的喜好与消费能力，量身定制旅游线路和项目，增强他们对乡村旅游的兴趣与参与度。市场营销的一个重要任务是为乡村旅游树立清晰的品牌形象，并通过品牌故事与游客建立情感联系。每个乡村都有其独特的文化传统和历史背景，品牌故事可以围绕这些资源展开，通过讲述当地风俗、手工艺、名人事迹等，让游客感受到乡村旅游的深层内涵。在社交媒体上，短视频、图文分享等形式可以直观、生动地展示乡村旅游的独特魅力。直播可以让潜在游客实时体验乡村的美景与文化，激发他们的旅游兴趣。社交媒体的互动性还可以让乡村旅游能够及时回应游客的反馈，持续改进服务质量与体验内容。电子商务平台和在线旅游平台是推广乡村旅游的重要渠道。通过整合这些平台的销售与营销功能，乡村旅游项目可以实现线上预订、咨询、评价等一体化服务，为游客提供便利的旅游体验。在这些平台上，游客可以轻松查看不同乡村旅游项目的详细信息，比较价格和服务质量，从而选择最适合的旅游线路与产品。在线评价与口碑分享也能够帮助乡村旅游积累良好的市场声誉，吸引更多潜在游客。线下的营销活动能够增强游客对乡村旅游的实际感知，通过参加乡村文化节、农产品展销会、旅游博览会等活动，游客可以亲身体验乡村的风土人情与文化特色。各类媒体宣传，如电视广告、专题节目、报纸专栏等，能够面向更广泛的观众，普及乡村旅游的知识并吸引他们的兴趣。在旅游旺季，还可以结合当地的节日、庆典举办特色活动，让游客深入了解乡村文化的独特魅力。政府和相关机构的政策支持对乡村旅游的推广也有重要意义。通过出台优惠政策、加强基础设施建设、提供培训与咨询服务，可以帮助乡村旅游从业者更好地把握市场需求，制定合理的营销策略。此外，乡村旅游可以与其他产业结合，实现资源共享与优势互补，丰富旅游项目与服务模式，进一步提升旅游体验的质量。市场营销通过整合线上线下资源，制定差异化的推广策略，为乡村旅游树立鲜明的品牌形象，吸引不同群体的游客参与其中。通过不断优化营销策略和旅游项目，乡村旅游能够实现更广泛的市场覆盖与可持续发展，为乡村经济振兴和文化产业发展贡献力量。

四、创造就业机会

乡村文化产业拥有丰富的自然资源、传统手工艺、风俗节庆等独特资产，市场营销的有效策略能够将这些资源整合并推广，促使其转化为具有吸引力的文化产品和服务，进而创造大量的就业机会。通过宣传与推广，市场营销能够为乡村文化产业的不同领域带来新的发展动力，增加当地居民的就业选择。首先，市场营销能够推动乡村旅游产业的发展，直接带动大量与旅游相关的就业岗位。从导游、餐饮、住宿到交通运输、娱乐活动，乡村旅游需要大量服务人员，为当地居民提供了多样化的就业机会。同时，市场营销能够帮助各类乡村旅游产品进行品牌化运作，吸引更多游客，拓宽当地的旅游消费市场，促进相关行业的繁荣。比如，推出特色民宿、乡村手工艺体验、生态农场等独特项目，吸引游客深入了解乡村文化，进一步增加消费需求，从而创造更多岗位。其次，市场营销通过推广乡村手工艺产品与特色农产品，为这些产业带来更高的附加值。传统手工艺人可以通过市场营销获得更多展示和销售渠道，将他们的产品推广到更广阔的市场。借助电商平台和社交媒体，乡村手工艺品可以在线上进行推广与销售，为工艺品的制作、包装、物流等环节创造就业机会。对于特色农产品，市场营销可以赋予其更多的品牌价值，提升产品知名度与销量，从而增加农产品种植与加工、销售产业链的就业机会。同时，市场营销的策划和宣传工作也为设计、摄影、文案等岗位提供了机会，使更多专业人才能够在乡村文化产业中发挥所长。市场营销在乡村文化节、展览、音乐会等大型活动的策划与推广中也有不可忽视的作用。这些活动往往需要大量人员负责组织、宣传、执行等工作，能为演艺人员、活动场地和周边服务行业提供更多的就业机会。再次，活动的成功举办能够有效提升乡村文化产业的知名度与影响力，吸引更多游客前来，进一步促进当地相关产业的发展和就业增长。活动结束后，通过社交媒体、电视、报纸等渠道的宣传，也能够持续扩大乡村文化产业的市场影响。复次，市场营销还可以帮助乡村文化企业与其他行业合作，实现跨界发展，创造新的就业岗位。比如，通过与电商、旅游、广告、娱乐等行业合作，乡村文化企业能够获得更多专业资源和技术支持，提高生产与管理效率，创造更多新型工作岗位。市场营销可以将乡村文化的价值观与品牌故事有效传播给目标受众，为跨界合作奠定基础。政府与相关机构对乡村文化产业的政策支持也对创造就业机会至关重要。通过宣传与推广，市场营销能够让更多人了解乡村文化产业的优势和就业潜力，为政策制定和资源分配提供依据。最后，有政府支持的市场营销培训和咨询服务可以帮助乡村居民掌握最新的市场信息与推广技能，使他们能够更好地适应市场需求。市场营销通过整合乡村文化资源、塑造品牌形象、促进产业联动，为乡村文化产业创造大量就业机会，使当地居民能够获得更加多样和稳定的就业选择。同时，市场营销还能激发乡村文化产业的创新活力和市场竞争力，为乡村经济的可持续发展提供更多动力。

五、带动乡村经济发展

乡村文化资源丰富且多样，具有独特的传统手工艺、自然风景和民俗活动等，但如果没有有效的市场营销策略，这些资源就很难在竞争激烈的市场中脱颖而出。通过精准的市场营销，将乡村文化资源转化为具有吸引力的文化产品和服务，可以为乡村经济发展注入强大动力，推动各产业实现全面复苏与增长。首先，市场营销能够通过塑造鲜明的品牌形象，吸引更多游客和消费者前往乡村参与旅游活动、购买特色农产品和手工艺品。乡村旅游是带动乡村经济发展的重要引擎，而市场营销可以根据不同游客群体的需求打造差异化的乡村旅游产品，使其符合年轻一代寻求自然体验的追求、中老年人偏爱健康养生的理念、家庭游客对寓教于乐项目的需求等，从而扩大乡村旅游市场的覆盖面。品牌形象的树立能够让消费者更好地理解乡村文化的独特内涵，培养他们对乡村旅游和产品的忠诚度，最终带动乡村消费，促进当地经济增长。市场营销还可以有效推广乡村手工艺品和特色农产品，为这些传统产业带来更广阔的销售渠道和更高的市场价值。通过社交媒体、电商平台等现代营销工具，乡村文化产品可以展示其独特的手工技艺、文化背景与健康价值，并在市场上形成独具一格的品牌优势。通过线上与线下渠道相结合的推广方式，乡村手工艺品和特色农产品能够获得更高的市场认可度，实现销售量与附加值的同步提升，进而带动生产和供应链的全面发展。以当地的自然资源和传统工艺为基础的乡村特色产品也能够成为旅游的亮点，进一步增强游客对乡村经济的投入与消费。大型乡村文化节、农产品展销会和手工艺品展览等活动也是市场营销的重要组成部分。这类活动能够汇聚来自各地的游客、商家和媒体，通过现场的展示和体验，将乡村文化与产品的魅力最大化地呈现出来。游客和商家能够在活动中发现新的合作机会、了解更多乡村文化产业的潜力，并通过消费、投资等形式促进当地经济的发展。其次，这些活动在媒体报道与社交平台的传播下，还可以持续扩大乡村文化产业的影响力，让更多人意识到乡村文化的价值与魅力。市场营销通过乡村文化与其他产业的合作，也为乡村经济发展带来了新的机遇。与互联网、电商、旅游、影视等行业的合作能够为乡村文化产品带来更广泛的市场资源与技术支持，实现线上线下的多维度推广与销售。最后，通过跨界合作，可以创造更多融合型的商业模式，为乡村经济发展提供多样化的途径。例如，将乡村文化与影视娱乐结合，拍摄具有乡村风情的电视剧或电影，将能够吸引观众前往取景地体验真实的乡村文化，从而带动当地旅游与消费。政府和相关机构的政策支持在市场营销中不可或缺。通过对乡村文化产业进行科学规划和推广，政府可以引导市场营销策略的制定与执行，确保营销资源能够更有效地运用于发展乡村经济。通过市场营销培训、咨询等方式，提高乡村企业与居民的营销能力，使他们能够更好地理解市场需求，并制订符合实际情况的营销计划。市场营销在带动乡村经济发展方面具有不可替代的作用。通过多元化的营销策略和精准的推广渠道，乡村文化产品和服务能够树立鲜明的品牌形象，吸引更多消费者和投资者，从而实现产业联动与市场扩展，为乡村经济的振兴与发展注入新的活力。

六、促进文化创意产业发展

通过精准的市场营销，乡村的文化资源可以转化为具有吸引力的创意产品与服务，带动整个文化创意产业的发展与创新。市场营销以差异化、品牌化的策略帮助乡村文化创意产业在消费者中建立起鲜明的形象，激发他们的购买和参与兴趣。乡村文化创意产品的核心竞争力在于其独特的历史文化和乡村风情。市场营销能够通过对不同受众群体的需求与偏好进行深入分析，制定差异化的品牌战略，将乡村的特色文化和自然风光融入创意产品和服务中。例如，为年轻一代的游客打造能够体验自然风光和传统手工艺的乡村旅游项目，针对亲子家庭推出寓教于乐的亲子农文旅体验项目，或者为中老年群体开发健康养生的乡村度假产品。在手工艺品、文创产品和乡村特色农产品方面，市场营销能够挖掘出乡村文化中具有市场潜力的元素，将其融入产品设计与品牌形象中，打造出独特的品牌故事，使产品具备更高的文化附加值，满足消费者多样化的需求。通过社交媒体、电子商务平台和内容营销等现代化渠道，乡村文化创意产品能够快速有效地进入市场，并直接面对目标消费者。社交媒体上的视频、直播、短片等多媒体形式能够生动展现乡村的自然风光、手工技艺和独特文化，让消费者产生强烈的情感共鸣与购买意愿。电子商务平台则能够让乡村创意产品和服务实现线上销售与推广，为文化创意产业拓展新的市场与销售渠道。在内容营销方面，可以通过纪录片、旅游节目、专题报道等方式，将乡村文化与产品的背后故事与受众分享，进一步提升品牌的可信度与吸引力。市场营销还可以通过乡村文化活动和创意节日等线下推广方式，让乡村文化创意产品在消费者心中留下深刻印象。乡村文化节、手工艺品展销会、农事体验活动等不仅能够吸引大量游客与消费者参与，还能让他们在亲身体验中加深对乡村文化的理解与喜爱。在活动中引入品牌展示、互动游戏、现场表演等环节，能够增加活动的趣味性和游客与消费者的参与度，使乡村创意产品深入人心。线下活动的成功举办还能够在社交媒体与传统媒体的传播下持续扩大乡村文化创意产业的市场影响。政府与相关机构的支持和政策指导对市场营销在文化创意产业中的促进作用有重要意义。通过科学规划与战略推广，政府可以引导乡村文化创意产业的健康发展，为市场营销提供更丰富的资源与扶持。市场营销培训、咨询服务等举措能够提高乡村文化企业与个人的营销能力，使他们能够根据市场需求制订更合理有效的营销计划。市场营销的综合作用还体现在文化创意产业与其他相关行业的合作与融合上。例如，与旅游、电商、影视娱乐等行业的合作可以让乡村文化创意产品和服务实现跨界推广与销售，吸引更多消费者与投资者。市场营销策略能够整合不同产业的资源与优势，为乡村文化创意产业注入更多创新动力。市场营销在促进文化创意产业发展方面的作用不可忽视。通过精准的市场分析与推广策略，乡村的文化资源可以转化为具有吸引力的品牌与产品，为文化创意产业带来新的发展动力。通过线上线下的多元化营销渠道，乡村文化创意产品可以获得更广阔的市场覆盖，为乡村文化创意产业的创新发展与市场扩展提供支持。

第二节　乡村文化产业的品牌建设与推广策略

一、乡村文化品牌的现状与背景

放眼全球，发展乡村是全球探索的共同目标，日本因地制宜型的“造村运动”（“一村一品”）、韩国自主协同类型“新村运动”（农产品品牌）、美国纳帕谷乡村休闲小镇（葡萄酒品牌）、法国格拉斯小镇（鲜花产业＋浪漫胜地）等代表性国家的案例几乎都与文化和品牌相关，都是根据自身的自然条件和文化特性，打造特色乡村文化品牌。如果将乡村文化品牌拆分来看的话，就是“乡村＋文化＋品牌”模式，主要是将乡村特有的文化资源，通过不同形式的手段进行营销与传播，挖掘用户内心需求，满足用户心灵体验，最终在用户脑海中形成独特的品牌记忆。结合上述，本书将从文化和品牌两方面着手分析中国乡村文化品牌背景。一方面，从文化角度来看，自 2013 年中国实施建设“美丽乡村”以来，乡村的各项开发与建设工作一直受到各界的广泛关注。2017 年在党的十九大报告首次提出“实施乡村振兴战略”，

2022年党的二十大报告强调“全面推进乡村振兴”。从“实施”到“全面推进”，乡村振兴成效渐显，已成为我国构建的发展格局、推动高质量发展的重要组成部分。其中，文化是乡村振兴的核心和灵魂，文化作为乡村振兴强大而持久的精神动力，有助于提升村民文化素养、知识水平、乡村经济效益以及形成良好的乡村文明①。由于我国乡村社会还在实现城镇化、市场化、工厂化的道路上，产生了乡村文化建设滞后的诸多问题，主要体现为乡村文化生活衰弱、乡村文化组织不健全、乡村文化资源贫乏等，尽管政府在乡村文化建设方面投入了大量的人力、物力和财力，如建设文化大礼堂、农家书屋、培养新型职业农民等文化惠民工程，但是这种自上而下的“复制文化”从根本上还是没有提升乡村文化内涵②。另一方面，从品牌角度来看，近年来，特别是在文旅融合背景下，乡村的品牌化发展多以主题观光旅游、特色文化产业、乡村卡通IP体系等形式呈现，不断地在进行摸索和实践，但也存在着一些问题，如品牌模式趋同现象明显、品牌定位模糊、旅游产品同质化严重、地域品牌特色不明显、缺乏统一的品牌化理论体系、文化品牌效应不突出等，与国家品牌、城市品牌相比，乡村品牌的整体理论和实践建设还不够完善③。因此，乡村文化品牌塑造是一个长期的过程，要以用户体验为中心，深入挖掘乡村文化资源，整体统筹规划设计，协同各方优势资源，发展差异化的文化产业链，构建富有文化记忆的乡村品牌形象。

二、乡村文化产业的品牌建设意义

（一）品牌建设是重塑农村文化产业形象的重要方式

乡村文化产业拥有丰富多样的资源和潜力，但传统形象常常停留在农耕、手工、自然风光等单一概念上，难以满足现代消费者的多元需求与审美

①孙斌，陈德琥，程立中.文化品牌视域下乡村文化建设困境与路径[J].佛山科学技术学院学报（社会科学版），2022,40(1):70-74.

②戚晓明.乡村振兴背景下乡村文化再造与文化自觉[J].艺术百家，2018,34(5):94-98.

③李闯，胡晓云，蒋文龙，等.浙江省乡村品牌化建设的现状、问题与对策[J].浙江农业科学，2021,62(6):1050-1056+116.

期待。通过品牌建设，乡村文化产业可以打破刻板印象，重新定位自身独特的文化价值，以新颖的视觉与情感表达向市场展示其独特的品牌形象，形成鲜明的差异化优势，重新焕发其竞争活力。品牌建设首先通过精准的市场调研与分析，为乡村文化产业建立清晰的定位，让其在消费者心中形成独特的形象。例如，将某个乡村的手工艺与特定的文化主题相结合，强调其非凡的技艺与文化背景；或是以某个地区独特的自然风光和民俗活动为卖点，打造健康、休闲的乡村度假品牌。这一过程需要对目标受众的需求、喜好进行深度分析，从而设计出能够满足他们心理期待的品牌故事与价值主张。通过准确定位，乡村文化产业可以在消费者心中树立鲜明的形象，区别于其他旅游项目与文化产品。视觉识别系统作为品牌建设的重要组成部分，是塑造和传播乡村文化产业品牌形象的关键工具。通过统一的品牌标志、色彩、字体与设计风格，乡村文化产业可以在各种推广渠道上保持一致的视觉呈现，让消费者在接触到宣传材料、产品包装、广告等内容时，能够一眼识别出这一品牌，从而加深对其形象的记忆与认知。视觉识别系统应当与品牌定位和故事相匹配，准确传达品牌的个性、价值与文化内涵。品牌建设还需要通过讲述品牌故事来建立情感联系。乡村文化产业拥有悠久的历史与多样的文化资源，将这些传统故事与现代元素相结合，可以构建引人入胜的品牌故事，让消费者产生情感共鸣。例如，将当地的传说、历史事件或名人事迹融入品牌故事，使其成为品牌形象的核心组成部分，既能够体现乡村文化产业的深厚底蕴，又能够与消费者的价值观相契合。通过社交媒体、广告、现场活动等渠道，品牌故事可以有效传播，让消费者对乡村文化产业的形象产生更深刻的认同。消费者体验也是品牌形象的体现。品牌建设需要确保消费者在与乡村文化产业的各个接触点上都有积极的体验，从而建立品牌的正面形象。例如，在旅游过程中提供优质的导游、住宿、餐饮服务，在购买手工艺品或农产品时提供详细的产品信息与保障机制，让消费者感受到品牌的专业、贴心与诚信。通过不断优化服务质量与产品体验，可以提升乡村文化产业的品牌美誉度，并鼓励消费者通过口碑传播来扩大品牌的知名度与影响力。品牌建设在重塑乡村文化产业形象的同时，还能够帮助产业提高附加值与市场竞争力。一个拥有鲜明品牌形象与故事的乡村文化产业可以通过高质量的产品与服务获得溢价，吸引更多的消费者与投资者关注。品牌故事的传播能够让乡村文化产业在更广阔的市场上树立正面形象，获取政策与资源的支持。消费者对品牌的忠诚度也能够帮助乡村文化产业在市场波动与竞争中保持稳定的收益与增长，持续巩固其市场地位。因此，品牌建设不仅能够为乡村文化产业重塑形象，还能够通过品牌定位、视觉识别、品牌故事与消费者体验等多维度手段，全面提升产业的价值与市场吸引力，为乡村文化产业的可持续发展提供强有力的保障。

（二）品牌管理是提升消费者忠诚度的有效途径

通过科学有效的品牌管理策略，乡村文化产业能够在消费者心中树立稳定的品牌形象和价值认同，使他们对产品和服务产生长期的偏好和信任，从而培养忠诚的消费群体。这种忠诚度对于乡村文化产业的持续增长和市场竞争力的提升至关重要。品牌管理的第一步是明确品牌定位，使其在消费者心中树立清晰而独特的形象。乡村文化产业往往拥有丰富多样的文化资源和传统手工艺，但消费者的需求和偏好各异，品牌需要通过市场调研与分析，精准定位其目标消费群体，制定与这些群体相契合的品牌定位策略。例如，为热爱自然风光的群体提供独特的乡村度假体验，或者为追求个性与品质的消费者打造富有创意的手工艺品牌。通过准确的品牌定位，乡村文化产业可以在消费者心中建立起符合他们价值观和生活方式的品牌形象，满足他们的心理预期和需求，从而培养其对品牌的忠诚度。品牌管理还需要通过品牌故事和文化内涵的传播来加深消费者的情感认同。乡村文化产业的品牌故事可以以当地的历史、传说、风俗和名人为基础，融合现代创意与表现手法，打造引人入胜的品牌故事，使消费者对品牌产生情感共鸣。例如，以乡村的手工技艺或农产品为核心，将工匠精神、自然健康等理念融入其中，打造具有独特文化价值的品牌故事，使消费者对品牌产生深入的情感联系。通过社交媒体、广告、活动等多渠道传播这一品牌故事，能够加深消费者对品牌的认知，使他们愿意长期购买该品牌的产品和服务，提高对品牌的忠诚度。品牌管理还体现在产品质量与服务体验上。消费者对品牌的忠诚度往往建立在他们多次与品牌的互动和消费体验上，如果品牌能够持续提供高质量的产品与服务，就能够赢得消费者的长期信任。乡村文化产业需要确保其产品的质量与安全性，提供符合消费者期望的优质手工艺品、农产品或旅游体验。同时，在服务过程中注重细节与周到，使消费者在每一次的消费过程中都能感受到品牌的专业、用心与责任。通过这些积极的消费体验，乡村文化产业可以让消费者不断巩固对品牌的良好印象，愿意长期支持并推荐品牌，形成稳定、忠诚的消费群体。此外，品牌管理在消费者反馈和市场变化的应对方面也十分重要。通过及时收集消费者的反馈与建议，乡村文化产业可以不断优化产品设计、服务流程和营销策略，确保品牌形象和价值观始终符合消费者的需求。同时，在市场趋势发生变化时，品牌管理策略要能够灵活调整，及时推出新的产品与服务，满足不断变化的市场需求，使消费者能始终感受到品牌的创新与活力，增强他们对品牌的信任与支持。品牌管理还需要重视社交媒体和口碑传播的重要性。积极管理品牌在社交媒体上的形象，回应消费者的提问与关切，分享品牌故事与最新产品信息，能够有效维护消费者与品牌之间的互动关系，让他们感受到品牌的亲近与真诚。鼓励消费者通过社交媒体或线下渠道分享他们的消费体验和感受，能够形成口碑传播效应，为品牌吸引更多潜在消费者。总而言之，品牌管理是提升消费者忠诚度的有力途径，通过明确品牌定位、传播品牌故事、确保产品质量与服务体验、及时回应市场变化与消费者反馈等策略，乡村文化产业可以在消费者心中建立起稳定的品牌形象和信任关系，使他们长期偏爱并支持品牌，为品牌带来持续的市场竞争力和增长动力。

（三）品牌管理是带动乡村建设升级的关键所在

乡村文化产业的品牌管理不仅有助于塑造产业在市场中的独特形象，还能够为乡村带来经济、社会和文化的多重升级，全面提升其竞争力与可持续发展能力。通过科学系统的品牌管理策略，乡村文化产业可以整合资源、优化产品与服务，实现品牌与乡村之间的联动发展，为乡村建设提供新的发展方向与动力。品牌管理在品牌定位方面可以为乡村建设提供明确的方向。通过市场调研与分析，品牌定位能够根据消费者的需求与偏好为乡村文化产业明确其独特的竞争优势和发展路径。例如，某个乡村凭借其丰富的自然风光与手工技艺，可以将自己定位为生态旅游与手工艺品牌，吸引热爱自然和追求品质的消费者。在这种品牌定位的引导下，乡村建设可以集中资源开发相关的旅游项目、手工艺品生产与销售渠道等，推动当地的基础设施升级、产业结构调整与就业机会增长。品牌管理通过建立独特的品牌形象与文化认同，能够有效整合乡村的文化资源和商业资源，打造综合性品牌体验区。乡村文化产业的品牌故事可以融合当地的历史、风俗与民俗活动，使品牌的每一部分都与乡村生活息息相关，形成鲜明的品牌特色和文化符号。例如，将传统节日、手工艺品展示、农事体验等活动融入品牌营销，打造集旅游、购物、体验于一体的乡村品牌体验区，使消费者在参与过程中深入感受乡村文化的魅力。通过这种方式，品牌管理可以促进乡村文化资源与现代商业的结合，带动乡村基础设施、服务质量和管理水平的全面升级，形成产业与乡村共赢的局面。品牌管理在产品与服务质量控制方面可以带动乡村产品标准化与品质提升。通过制定统一的品牌标准，乡村文化产业可以确保其手工艺品、农产品、旅游服务等方面都符合品牌的品质要求，为消费者提供可信赖的产品与服务。这一过程可以引入现代化的生产与管理技术，使乡村生产从传统的小规模、手工化向规模化、标准化发展，从而提高产品的附加值和竞争力。同时，通过培训、合作等方式，品牌管理能够提升乡村企业与从业者的技术与管理能力，为乡村建设提供智力支撑。品牌管理还可以通过现代营销手段，为乡村文化产业带来更广阔的市场和更多的合作机会。例如，通过社交媒体、内容营销、电子商务等渠道，乡村文化产业可以将品牌形象与故事广泛传播，吸引城市消费者与投资者的关注，使乡村品牌在更广阔的市场中获得知名度与认可。此外，品牌管理还可以通过跨行业的合作与联动，将乡村文化产业与旅游、电商、影视娱乐等行业相结合，形成多元化的合作方式，为乡村带来更多的经济增长与创新动力。此外，品牌管理在推动乡村可持续发展方面也具有重要作用。通过强调品牌的社会责任与可持续性，乡村文化产业可以在品牌故事、产品设计、生产流程中融入环保、社会公益等理念，形成绿色生产与发展的模式。使消费者在购买和体验品牌产品与服务的过程中，也能够感受到品牌对环境与社会的关注与承诺，从而更加支持和信任这一品牌。这种绿色品牌理念不仅有助于提升品牌形象，还可以引导乡村建设向环保、可持续的方向发展，为乡村生态环境与经济效益的协调发展提供保障。总之，品牌管理是带动乡村建设升级的关键，通过品牌定位、形象塑造、品质提升、市场拓展与可持续发展等方面的系统性策略，乡村文化产业可以有效整合资源，推动自身与乡村建设的共同进步，实现品牌与乡村的良性互动和可持续发展。

三、乡村文化产业的品牌建设策略

（一）服务情感层下的乡村文化品牌策略

1. 情感体验的共鸣

整个乡村其实与产品一样，将其自身的本土特色和文化资源打造成具体的实用“功能”，如依靠景区、美食、建筑景观等来提升知名度，从而吸引游客前来观光消费，然而随着现代社会经济的飞速发展，单纯从功能上出发很难与消费者产生心灵上的共鸣。乡村文化品牌的建立，首要条件就是要以人为中心，通过情感化的设计将乡村特有的文化植入每一个角落，让每位游客在游玩中真正获得积极、愉悦、正面的情感。要想多次吸引外来游客到访，就必须激发游客的内心情感，使乡村文化与游客情感紧密结合在一起，通过一系列的技术手段和宣传活动，收集游客隐藏性的需求及挖掘游客内心的痛点，提高乡村相关人员对服务理念的认知，始终把用户情感体验摆在第一位，针对不同游客提供个性化的服务，完善整个体验过程和细节，在情感体验上使乡村与游客产生共鸣，提升游客对乡村文化品牌的认同感和归属感。

2. 乡土记忆的唤醒

从我国的历史发展可以看出，乡村文化在表达内容和形式上存在诸多差异性，每个乡村都有它固定的文化样式，乡村文化也是乡村振兴过程中的核心动力和创新之源[①]。近年来，由于同质化的乡村越来越多，导致部分乡村跟风打造所谓的地标建筑和主题乐园，几乎丧失了乡村原生的地域文化特色，造成乡土记忆很难被唤醒。乡土记忆的唤醒主要是以连接民众内心情感为基础，它是将乡村中的物质文化记忆和非物质文化记忆进行设计、整合、传承转化的过程，这样才能增强民众在乡土记忆中的文化获得感。

（二）战略规划层下的乡村文化品牌策略

1. 品牌战略设计系统

乡村文化品牌的建设离不开前期整体规划，品牌战略设计系统从乡村各项文化资源入手，将所有的资源进行合理的分类、整合以及转化，探索符合乡村长期发展的正确道路。该系统主要通过乡村品牌定位、未来发展目标以及蓝图确定乡村具体的发展路径和方向，从长远上确保乡村文化品牌在建设过程中保持时代先进性和创新性，主要体现在如下两个方面：一是确定乡村品牌定位。纵观我国乡村发展，特别是改革开放后，诸如华西村和大邱庄等都是当时红极一时的全国示范村，它们的成功只是因为抓住了时代发展的机遇，没有去整合相关资源并开展营销活动，随着时代的不断发展和变迁，也面临一些问题。因此，持续打造保持活力的乡村文化品牌的核心就是要精准定位。其中，挖掘原乡文化元素是重点，包括乡村艺术文化、乡村历史文化、乡村民俗文化等，也是增强民众文化认同和自信的关键点。[②]通过对原乡文化进行创造性活化和传承，梳理各个文化之间的内在关系和脉络，同时调研民众对乡村文化的认知度，为乡村品牌定位提供可靠的参考依据。二是定制未来发展目标与蓝图。运用品牌化的理念和方法指导乡村文化品牌的构建、规划、经营和管理，规划具有前瞻性的发展目标与蓝图，如我国在乡村振兴政策驱动下，很多乡村开始以打造休闲旅游型、文化传承型、产业发展型等模式为长期发展目标，根据自身的实际情况，因地制宜地积极绘制乡村

① 吕宾．乡村振兴视域下乡村文化重塑的必要性、困境与路径 [J]. 求实，2019(2): 97-108+112.

②秦宗财．定位理论视角下乡村文创品牌塑造的方向和路径[J].深圳大学学报(人文社会科学版),2019，36(5):52-58.

品牌发展蓝图。

2. 品牌形象设计系统

为体现乡村文化品牌战略定位、发展目标以及蓝图，需要将这些抽象性的概念以视觉符号或者图形进行系统性宣传。为了在乡村文化品牌形象上能与其他竞争乡村产生视觉差异性，需要对内向村民及外向游客传递整体划一的视觉形象，主要体现在如下两个方面：一是平面视觉元素设计。根据品牌设计概念，通过标志、口号、象征符号、标志字体、吉祥物、包装设计等平面视觉元素对乡村文化品牌进行形象可视化宣传，从情感层面上提升民众对乡村的整体好感度。山东省济南市历城区唐王镇小郭家村在没资金、没地域特色的情况下，村委会决定以“菊花”为元素对小郭家村进行品牌形象设计，最终该村庄被命名为“菊香小郭家”，结合十八岁的“小郭姑娘”插画形象及菊花形态，将其设计成品牌标志。二是空间视觉元素设计。通过挖掘和提炼乡村建筑景观空间的形态、色彩、材料、技艺等元素，结合乡村文化的特色，将这些符号元素进行再设计，根据乡村旅游的不同功能，运用在乡村空间上，促使游客从视觉上达到和谐统一的观感体验，如规划墙体绘画的色彩统一、道路指示牌和旅游观光地导视牌设计风格统一以及乡村整体环境风格统一等，通过综合各个方面的空间视觉元素设计，从而形成强有力的视觉冲击力，提升人们对乡村文化品牌的空间记忆力。

（三）组织协作层下的乡村文化品牌策略

1. 文化资源的整理与转换

乡村文化品牌创新性的保持需要持续对文化资源进行有序整理和活态转化，这是一项长期而烦琐的工作。由于村落的形成都有一段历史过程，因此文化内涵和气息都相对比较浓厚，需要合理挖掘，一般体现在自然景观、历史建筑、风土民情、民俗文化、红色基因文化、家风文化、历史人物、神话传说等有形文化或者无形文化方面。这一系列文化资源不仅是乡村文化品牌构建过程中必不可少的创作素材，也是推进我国乡村振兴发展的原动力。为此需要成立专门性组织，根据乡村文化资源特点进行分类分析，着重提炼当地精神文明底蕴，结合现代发展潮流，以科学性、规划性、独特性的眼光，分析当地地域文化的整体优势，建立乡村文化数字资料库进行归档存储，安排专员定期对资料库文件进行更新和梳理，为今后开发旅游景点、打造多样化的文化体验活动、讲好乡村品牌故事等相关的文化活动提供创新素材①。

2. 创新活力的激发与输送

除乡村文化资源内部需要整理并活化利用之外，乡村品牌活力的保持还需要不断吸引外部文化创意产业和优秀创新人才的涌入。要想吸引不同类型的产业进驻乡村，必须增强村民文化认同感和主人翁意识，积极引导其参与到打造乡村文化特色品牌中去②，提升基层干部的文化服务素养和文化治理能力，要求基层干部对乡村文化有信心和信仰③，政府对乡村公共文化服务体系加强建设，如一些文化符号、文化空间、文化景观的建设，认真做到统一规划地域产业文化平稳有效地发展，形成良好的乡土文化气息和投资环境，鼓励乡村精英返乡投资，引进创意产业人才。还可以将废弃的建筑、空房子等空间场所进行再生设计，吸引社会各界人士关注。例如，让设计师成立自己的工作室、音乐家举办相关的主题音乐会、艺术家举办个人画展，邀请不同产品及品牌进驻等，形成富有浓郁艺术气息的文化产业群。根据地域建筑设计特点，打造集休闲民宿、文化集市、生态农业体验等于一体的文化创意旅游产业，让乡村、学校、企业三者协同合作，通过举办各类赛事或者研讨会，培养乡村服务型人才，赋予乡村文化资源新的活力。日本越后妻有地区分布着大大小小的村落 200 个，是一个偏远衰落的乡村。国际策展人北川富朗在 2000 年开始举办第一届“越后妻有大地艺术祭”，将艺术与乡村文化相结合，吸引了大量来自不同国家的游客前去参观。该地区将废弃的十日町市立清津峡小学改造成了清津仓库美术馆，里面一部分空间用来展示艺术作品，其余空间则用来保存大型艺术品，并邀请日本著名艺术家草间弥生为其创作了“花

① 张晓翠 . 乡村振兴背景下特色小镇建设的文化设计 [J]. 社会科学家 ,2020(6):86-90.

② 肖虹 . 乡村文化振兴语境下贫困地区传统工艺品牌营造路径研究——以湘西传统印染工艺为例 [J]. 广西民族大学学报 (哲学社会科学版),2020,42(5):52-58.

③ 杨华 , 范岳 , 杜天欣 . 乡村文化的优势内核、发展困境与振兴策略 [J]. 西北农林科技大学学报 (社会科学版),2022,22(3):23-31.

开妻有”户外作品。此外，他们还在2018年邀请中国建筑师马岩松将该地区的清津峡改造成了打卡胜地“光之隧道”，真正做到了乡村文化与艺术的深度融合。

3. 品牌创新的整合与管理

从企业的角度来看，不管品牌处于什么阶段，都要进行创新整合和管理。企业在发展过程中会根据市场环境的变化，对产品品牌进行营销调整、技术更新或者退出目标市场，主要是为了保持整个品牌价值能够被延续。从乡村的角度来看，乡村文化品牌的科学规范化管理，可以为乡村持续带来经济效益，本书将从品牌层级架构组合、乡村地域之间的品牌合作、组建品牌委员会三方面进行阐述：一是构建多样化的品牌组合。品牌组合属于品牌战略中的内容，是指企业对内部多个产品品牌之间的关系或者自身品牌与外部品牌之间的关系所进行的组合设计。基于此，乡村旅游品牌可以分为统一品牌组合和多品牌组合两种形式[①]。其中，多品牌组合模式一般用于文化资源比较丰富的乡村。因为一个乡村文化的形成是一个漫长又复杂的过程，且乡村文化包含多个文化特点，乡村农产品品牌、红色基因旅游品牌、乡村主题活动品牌等都可以整合成一个整体的乡村文化品牌并向外推广，不仅突出了乡村内部不同文化的差异性，而且保持了乡村文化品牌的整体性，还能够与其他乡村文化品牌从根本上保持不同。多样化的品牌组合模式能够促使乡村尝试不同文化品牌的发展路径，为乡村文化品牌组合的创新提供活力。二是建立地域品牌合作运营机制。在乡村振兴战略的指导下，区域内村与村之间深化战略合作，各个乡村根据自身的文化开发不同地域特色的文化产业，打造属于自身的“一村一品”发展模式。每个乡村虽然在发展不同文化的品牌模式，但是为了避免乡村品牌之间的恶性竞争，提升地域活力与吸引力，应该实行“强强联合”的品牌合作运营机制。通过前期广泛交流和基层干部短期对调等措施，将不同乡村的文化资源进行共同打造，通过共建乡村公共美术馆、打造地域农村产品品牌、合作举办大型文化体验节目、开发跨地区旅游观光路线图等多个项目的合作，共同参与地域品牌管理，真正做到互相监督和信

① 张翔云 . 旅游地品牌化的路径选择与实现 [J]. 社会科学家 ,2018(1):105-111.

息共享。三是成立品牌管理委员会。乡村传统管理模式复杂、烦琐、缺乏活力，在数字化时代下，乡村整体需要简化服务流程，提升村民参与乡村管理的积极性，重视村民对乡村文化发展的意见表达[①]，建立"一主多元"的发展模式，以乡村村委会为主导，村民、企业家、艺术家、设计师、游客、社会团体等相关利益者共同参与，结合社会各界力量，组建品牌管理委员会。通过该委员会建立乡村服务评价系统，广泛收集目标对象对乡村文化各项服务体验的意见和建议，定期对乡村文化品牌进行综合评估，找寻发展个性化乡村文化品牌的多个机会点，有效解决人们在乡村旅游过程中产生的新需求和新痛点，为平稳发展乡村文化品牌提供坚实可靠的管理模式。

（四）触点体验层下的乡村文化品牌策略

1. 数字化下的线上线下营销

为吸引外来游客不断到访体验，乡村要给目标游客创造多个直接或者间接的触点，激发其对目标乡村文化的好奇心。在游客到访前，需要通过市场运营和活动宣传手段，提升乡村文化品牌的知名度，打造具有文化底蕴的乡村品牌新形象。近年来，我国已经步入数字化信息时代，依靠传统媒介的宣传模式已经不能完全打动消费者的心，而借助数字化平台和工具的宣传方式，则越发受到人们的关注和青睐。由此可见，乡村文化品牌的营销宣传离不开数字化手段的加持，一般可分为两个方面：一是线上营销。以视频号、微信公众号、微博、抖音、快手、小红书等新媒体为营销平台，通过定期制造热门事件、乡村农产品直播带货、乡村美食直播等话题与目标游客在线上进行触点式交流。二是线下营销。在临近大城市内的大型商场、机场、酒店、地铁站等区域，开设乡村农产品、旅游文创纪念品等商品的售卖点，通过特色产品为其乡村宣传造势。又或者以音乐节、文化节、情景剧等艺术形式为媒介，融合乡村文化，在全国进行巡回演出，吸引人们前去目标乡村观光旅游。

---

① 芦人静，余日季．数字化助力乡村文旅产业融合创新发展的价值意蕴与实践路径[J]．南京社会科学，2022(5):152-158.

2. 五感融合下的体验设计点

体验性是乡村文化旅游消费的基本属性，是旅游消费体验的过程，也是一种对乡村文化的消费。乡村文化在品牌构建中包含着物质与非物质文化两种形态[①]。人们生活在这个社会主要通过五感（眼睛、耳朵、嘴巴、鼻子、皮肤）对外界一切事物产生感觉，也就是人们常说的视觉、听觉、味觉、嗅觉、触觉。五感理念运用在产品设计开发时，主要坚持“以人为本”的设计思维[②]，通过构建情景化、情感化的产品环境，带给消费者不同层次的体验感受。同理在乡村文化品牌构建过程中，所有与游客接触的机会点都需要被合理设计。通过五感融合的方法，将乡村文化进行整合活化，设计出多个文化体验“产品”接触点。构建全域场景体验新模式。打造视听乡村博物馆，让馆藏物“活”起来，通过VR/AR等数字化技术，生动地呈现在游客面前，给参观者带来巨大的视觉冲击力，以讲故事的形式对乡村民俗文化、知名人物、乡村历史进行叙述，让听众有一种身临其境的感觉。设立不同类型的乡村主题美术馆，邀请艺术家、设计师、策展人就地取材创作各类艺术品，让游客在观赏艺术品的同时，通过嗅觉闻到每个艺术作品的材质气味，促使游客产生情感共鸣和深刻记忆。以乡村自然景观为例，将其打造成旅游景观，开发多条旅游观光路线，通过造型、表面肌理、色彩、材质等元素[③]，在外观造型上与游客的视觉和触觉产生交集，与景观实物进行零距离接触，在村庄的建筑外观及道路上通过墙绘和涂鸦等方式，满足游客在视觉上的享受，拉近游客与乡村环境的距离。建立多元化的主题文化活动。深入挖掘乡村文化资源，以艺术的形式，将乡村的民俗文化、红色文化、历史文化、地理景观文化等元素与各类主题文化相融合，打造不同主题的艺术节和音乐节。在这些节日中加入各类互动性体验活动，如歌舞表演、乐器演奏、农具产品制作等，使村民、

① 薛芮，余吉安．基于地方品牌建构的乡村文化旅游活化路径[J]. 经济地理,2022,42(6):198-205.

② 刘晓彬，朱庆祥．基于五感体验的文创产品设计策略研究[J]. 包装工程,2022,43(6):329-335.

③ 施爱芹，程成，刘嘉欣，等．基于地域特色的节庆旅游文创开发策略[J]. 社会科学家，2021(11):55-60.

游客、乡村基层干部、企业家、艺术家、设计师共同参与到主题文化活动的筹备、举办、项目体验等环节中[①]。为持续留住游客，可以打造夜游类活动，开展夜娱、夜景、夜宴等节目，通过体验各类夜晚节目、观赏灯光秀、品尝美食，沉浸式体验乡村多元文化。在乡村主题文化活动中，人们通过互动参与和交流，让自身的视觉、听觉、味觉、嗅觉、触觉在乡村体验过程中得到极大满足。打造差异化的旅游文创产品体系。在这里主要针对农副产品、手工艺产品、旅游纪念产品等带有经济效益的乡村产品进行分析。要想提升旅游文创产品的差异化，最根本要素在于挖掘乡村本土文化，可以从乡村的物质文化（建筑、山水、地貌等）和非物质文化（民俗、技艺、文学、曲艺等）中提取相关的符号、图形、造型、色彩、插画等设计元素，打造出能够区别于其他乡村的旅游文创产品，丰富产品种类，构建系列化旅游文创产品体系，引入品牌概念，对其进行定位和营销，结合乡村故事、历史人物、影视文化、艺术形式等，打造乡村品牌特色 IP，根据不同人群的喜好进行精准宣传，不断提升和更新产品的造型、功能、外包装等方面的设计，持续满足不同消费者的多样化需求。此阶段，五感体验透过观看产品的整体形态，触摸产品上的肌理，用鼻子感受产品包装上的味道，从视觉、触觉、嗅觉方面，提升游客对乡村旅游文创产品的深刻记忆，了解乡村文化背后的故事。日本高知县设计师将刊载当地新闻的旧报纸做成了购物袋，用来包装当地土特产，报纸上的文字和图形等视觉元素，不仅将当地的风土人情传递给外界，也可以当作纪念品收藏。

四、乡村文化产业的品牌推广策略

（一）深入挖掘地域文化特色

在乡村文化产业的品牌推广策略中，深入挖掘地域文化特色是提升品牌认知度和影响力的核心部分。通过深入了解和展示一个地区的文化特征，可以有效地将乡村的独特性和魅力传递给外界，从而吸引游客和消费者的注意

① 陆梓欣，齐骥．艺术乡建与乡村文化产业高质量发展 [J]. 理论月刊 ,2022(6):83-91.

力，增加文化产品和服务的市场竞争力。地域文化特色通常包括当地的历史传说、民间艺术、传统节庆、特色美食、独特的自然风光以及乡土人情等。这些文化元素是乡村品牌建设的宝贵资源，能够提供丰富的内容和情感联结点，为品牌故事增添色彩。为了有效挖掘这些特色，需要进行系统的调研和整理，将散落的文化点串联成一条引人入胜的故事线。在调研过程中，可以通过收集老一辈人的口述历史、整理地方档案资料、参与地方节庆活动等方式，获取第一手的文化资料。这些真实的故事和活动不仅是文化的展示，更是感情和记忆的传递。通过高质量的内容制作，比如制作纪录片、出版特色图书或创建互动式的网站，可以使这些地域文化得到更广泛的传播和更深入的理解。在挖掘地域文化特色的过程中，还应注重文化的原生态保护。保持文化的原汁原味，是提升乡村品牌价值和吸引力的关键。这意味着在推广过程中需要尊重文化传统和地方习俗，避免对文化本质的曲解和过度商业化。例如，在推广传统工艺时，应当邀请地方的老手艺人参与，确保技艺的传承不失其真。此外，有效地挖掘地域文化特色还应当利用现代科技手段，如增强现实（AR）和虚拟现实（VR）技术，这些技术可以为用户提供沉浸式的文化体验，使得乡村文化的展示更加生动和具有互动性。通过这种方式，用户可以在虚拟空间中体验传统节庆、工艺制作过程或是传统表演，从而增强用户对乡村文化的感知和兴趣。在文化特色的利用和推广中，还应注重多方面的合作和共赢。与当地政府、文化机构、教育机构以及私人企业合作，可以整合各方力量，共同推广乡村文化，扩大其影响力。例如，通过与旅游公司的合作，可以开发一系列以地域文化为主题的旅游产品，通过实地游历增加游客的文化体验，同时带动当地的其他相关产业发展。最终，挖掘地域文化特色并不仅是为了品牌推广本身，更是为了保护和传承宝贵的文化遗产。在全球化和城市化迅速推进的今天，许多乡村文化正面临被边缘化和遗忘的风险。通过有效的品牌推广策略，不仅可以提高乡村地区的经济发展，更能促进文化多样性的保护，实现文化与经济的双赢。因此，乡村文化产业的品牌推广策略应当被视为一项长期且系统的工作，它需要地方政府的支持、企业的参与和社会各界的关注，共同为挖掘和传承地域文化特色作出努力。

（二）建立地标性文化品牌

建立地标性文化品牌是乡村文化产业品牌推广策略中的一个重要环节，它旨在通过塑造具有强烈地域特色和文化象征的品牌形象，来提升乡村的知名度和吸引力。地标性文化品牌可以是一个特定的地理标志、一项传统工艺、一个历史悠久的节日或是与该地区密切相关的文化符号。通过有效地利用这些文化元素，可以在公众心中建立一个独特的地区代表性图像，从而促进文化旅游和地方产品的销售。在建立地标性文化品牌的过程中，精准的市场定位非常关键。需要对目标市场的消费者进行详细的研究，了解他们的需求和兴趣点，这样才能确保所建立的品牌能够引起消费者的共鸣。例如，如果目标市场是对传统文化感兴趣的旅游者，那么可以选择具有代表性的文化节庆或民俗活动作为品牌的核心元素，通过举办各类相关活动来增强品牌的吸引力。为了使地标性文化品牌更具影响力，还需要进行有效的视觉设计和品牌传播。设计团队需要根据地标性元素的文化内涵和外在形象，创造出符合现代审美且具有传统特色的视觉符号。这些符号不仅要在视觉上吸引人，还要能够传递出地区文化的深层价值。此外，品牌的传播方式也应多样化，结合传统媒体和新媒体的优势，通过故事营销、内容营销等形式，让更多的人了解和关注这一品牌。与此同时，地标性文化品牌的建立也需要与地方政府和相关文化机构等加强合作。地方政府可以提供政策支持和资金投入，帮助品牌在起步阶段建立知名度；相关文化机构的专业知识和资源则可以确保品牌内容的准确性和深度。通过多方合作，可以更有效地整合资源，提升品牌的整体竞争力。此外，为了保持地标性文化品牌的生命力，还需要关注品牌的持续创新和深化。随着市场环境的变化和消费者需求的演进，品牌也应不断调整和优化其策略和内容。例如，可以定期评估品牌活动的效果，收集反馈信息，对品牌故事进行重新包装或是开发新的产品线。建立地标性文化品牌不仅是一种市场营销策略，更是一种文化保存和传播方式。通过这一策略，不仅可以推动乡村文化产业的发展，还可以增强公众对传统文化的认知和尊重，为地区的文化旅游和相关产业带来可观的经济效益。因此，地标性文化品牌的建立应考虑长远的视角，综合运用多种策略和手段，以实现品牌的持续成长和地区文化的广泛传播。

（三）整合资源与联盟组建

通过建立强有力的合作网络，可以更有效地利用有限的资源，提升品牌的市场影响力和竞争力。这种策略不仅有助于优化资源配置，还能促进区域内外的协同合作，为乡村文化产业的发展创造更多的机会。资源整合首先涉及的是地方政府、企业、文化机构、教育组织以及社区及其居民等多方的参与和支持。地方政府可以提供政策和资金上的支持，帮助乡村文化项目的启动和推广；企业可以通过资金投入或提供技术支持，参与到乡村文化产业的产品开发和市场营销中；文化机构和教育组织能够提供专业知识和人才培训，帮助提升乡村文化产业的整体素质和创新能力；社区及其居民则是乡村文化产业发展的直接受益者和参与者，他们的参与可以增加项目的社会认同感和文化的传承力。联盟组建的目的在于通过合作共赢，实现资源共享和优势互补。在实践中，可以通过建立产业联盟、合作社或合伙企业等形式，将小规模的文化生产者、工艺师和艺术家等聚集在一起，共同进行品牌建设和市场开拓。这种方式不仅能够减少单个生产者面对市场时的风险，还能通过集体的力量提升市场谈判能力，扩大产品的市场覆盖面。此外，资源整合和联盟形成还需要依靠现代信息技术的支持，如利用互联网、大数据和社交媒体等工具，进行品牌营销和客户管理。这些技术的应用可以帮助联盟成员更准确地把握市场动态和消费者需求，优化营销策略，扩大品牌影响力。例如，通过建立在线平台，联盟可以直接与消费者进行交流，更有效地进行产品推广和文化传播。在资源整合和联盟形成的过程中，还需要注意保持各方利益的平衡和长期合作关系的稳定性。这要求建立公平透明的利益分配机制和有效的沟通协调机制，确保每一方的贡献都能够得到合理的认可和回报。同时，定期的评估和调整也是必要的，以确保联盟的战略目标始终与市场环境和成员需求相适应。通过整合资源和形成联盟，乡村文化产业不仅可以更有效地进行品牌推广，还能在更广阔的市场中展示乡村独特的文化魅力。这种策略的成功实施，将有助于促进乡村经济的可持续发展，提升乡村居民的生活质量，同时为传统文化的传承与创新提供强有力的支持。因此，资源整合和联盟形成是推动乡村文化产业发展的重要途径，值得各地政府和文化产业从业者的重视和实践。

（四）利用数字化和社交媒体平台

利用数字化和社交媒体平台是当前乡村文化产业品牌推广策略中极为有效的一环，特别是在全球化和信息化迅速发展的今天，数字工具和社交网络已经成为连接人们、传播信息和推广品牌的关键渠道。通过这些平台，乡村文化产业不仅能够触达更广泛的受众群体，还可以以更低的成本进行有效的市场推广和品牌建设。社交媒体平台如抖音和微信等，为其提供了一个直接与消费者互动的渠道，使品牌能够即时分享内容、回应关注并建立与消费者之间的情感联系。这种互动性强的特点是传统媒体无法比拟的，它可以极大地增加消费者的参与度和品牌忠诚度。通过定期发布高质量的内容，如乡村风光照片、传统节庆视频、手工艺品制作过程等，可以有效地展示乡村地区的文化特色和自然美景，吸引更多的关注和兴趣。此外，数字化技术的应用还包括创建专属的品牌网站和电子商务平台，这些平台不仅可以展示乡村文化产品的详细信息，还可以提供在线购买服务，方便消费者直接购买地方特产、工艺品等。电子商务平台的便捷性和全天候无休的特性使得乡村文化产品能够突破地理位置的限制，触及全国乃至全球的市场，极大地拓宽了销售渠道和市场范围。同时，通过数据分析工具，乡村文化产业的经营者可以分析消费者的消费行为和市场趋势，根据数据反馈调整营销策略和产品供给。例如，通过分析社交媒体上的用户互动数据，品牌可以了解哪些内容更受欢迎，哪些产品更受青睐，据此优化内容发布的时间和频率，以及调整产品的推广策略。利用数字化和社交媒体平台进行品牌推广还能够实现精准营销。通过社交媒体平台的广告系统，品牌可以根据用户的地理位置、兴趣爱好和浏览习惯等信息，向特定的目标群体展示广告，提高营销的针对性和效率。此外，这些平台上的影响者营销也是一个不可忽视的推广手段。合作的方式是，品牌可以与有一定粉丝基础的社交媒体意见领袖合作，利用他们的影响力推广乡村文化产品，从而达到口碑传播的效果。利用数字化和社交媒体平台进行乡村文化产业的品牌推广，不仅可以有效地提升品牌的知名度和市场影响力，还可以通过这些现代技术手段优化消费者的体验和服务质量。这种推广策略对于那些资源有限但希望拓宽市场的乡村文化产业尤为重要，它不仅有助于文化的传播和保护，还能促进乡村经济的发展和多元化。因此，乡村文化产业的从业者应积极探索和运用这些数字化工具和社交媒体平台，将传统文化与现代技术结合起来，开创乡村文化产业发展的新局面。

第三节　乡村文化产品的市场拓展与销售渠道

一、旅游景区合作

合作模式可以多样化，包括但不限于在景区内设置专门的销售点，或是将产品纳入景区的官方纪念品系列中。在这种模式下，产品可以直接展示给游客，让游客在游览过程中即时购买，增加了购买的即时性和便利性。此外，可以通过景区的宣传渠道如官方网站、旅游手册和社交媒体，来共同推广这些文化产品，从而扩大其市场影响力。与此同时，乡村文化产品在景区的展示不应仅限于单一销售点，还可以通过设置互动体验区，让游客亲自体验制作过程，如编织、陶艺、传统绘画等，这种参与感和体验感可以极大地提升游客的购买兴趣。这种体验式销售不仅让游客带走了产品，更带走了一次难忘的文化体验，这样的记忆价值能够带动更多的口碑传播。在合作的具体实施中，旅游景区和文化产品提供者之间需要建立明确的合作协议，详细规定产品的展示、销售、分成等细节。双方可以基于产品的文化特性和景区的游客构成进行深入分析，挑选最符合游客喜好的产品进行展销，以此提高销售成功率。此外，还可以通过举办季节性或主题性的文化节庆活动来吸引游客。例如，在重要的传统节日里，围绕这一节日的文化特色推出相关的文化产品，或是在景区内举办特定主题的文化活动周，展示乡村手工艺品，吸引游客参与并购买。对于旅游景区来说，引入乡村文化产品不仅能丰富景区的旅游内容，还能提高景区的文化价值和市场竞争力。对于文化产品的生产者来说，这种合作能打开新的销售渠道，提升产品知名度，实现文化价值的传播。乡村文化产品与旅游景区的合作是一个互利共赢的策略，能够有效地将文化产品的魅力传递给更广泛的公众，同时为旅游景区增添了独特的文化气息。通过合理规划和创新的合作模式，双方可以共同探索更多的可能性，推动乡村文化产品的市场拓展。

二、文化体验活动

通过文化体验活动不仅能够增加产品的销量，更重要的是能够提升消费者对产品文化背景的理解和认同。文化体验活动可以包括传统工艺的现场制作、文化工作坊、民俗节庆活动等，通过这些亲身体验的过程，消费者能够更深入地感受到产品的文化价值和制作的独特性。例如，通过组织手工艺制作体验，如编织、陶艺或木工等，参与者可以在专业指导下学习制作技艺，亲手制作一件属于自己的作品。这种亲身参与的过程不仅增加了消费者对产品的兴趣，还提供了对传统工艺深度认知的机会，从而激发对购买成品的欲望。此外，还可以通过设置文化展览，展示乡村地区的文化故事和传统技艺的历史，通过故事讲解增加产品的文化深度，使消费者在了解相关背景的同时产生情感共鸣。在文化节庆活动中，可以将乡村文化产品融入节庆的各个环节中，如节庆装饰、节庆用品及节庆礼品等。节庆期间，人们的消费意愿通常较高，通过节庆活动推广文化产品，可以有效提升产品的销售机会。举办这样的活动，不仅能吸引当地居民参与，还能吸引外来游客，扩大产品的潜在消费群体。为了使文化体验活动更具吸引力，可以邀请知名的手工艺人或文化人参与，通过名人效应吸引公众的关注。同时，活动可以通过线上平台进行直播，扩大活动的影响范围，使无法到现场参与活动的消费者能在线上观看体验过程，进一步提高产品的曝光率和销售潜力。在活动的实施过程中，应注意活动的可持续性与创新性。可持续性表现在活动能够定期举办，形成品牌效应，使消费者对活动持续关注；创新性则需要活动内容不断更新，以适应市场趋势和消费者需求的变化。通过不断优化活动内容和形式，可以维持消费者的兴趣和活动的新鲜感。此外，为了更好地将文化体验活动转化为产品销售的机会，可以在活动场地设置专门的产品销售区，提供活动中使用或制作的产品的成品销售。这种场景营销能够在消费者体验高涨时刺激购买决策，从而提高销售效率。乡村文化产品通过文化体验活动的市场拓展，不仅能提升产品的销售，更重要的是能通过文化的力量增强消费者对产品的情感认同，这种深层次的市场绑定有助于维持消费者的忠诚度，为乡村文化产品的长期发展奠定坚实的基础。

三、定制服务

定制服务使得消费者可以根据个人的喜好和需求，参与到产品的设计和制作过程中，在购买到符合个人风格产品的同时，还能体验到文化的独特性和制作过程的乐趣。这种服务尤其适合那些具有独特文化象征和手工艺术价值的乡村产品，如手工编织品、陶瓷、木雕、民族服饰等。通过定制服务，消费者可以选择产品的材质、颜色、尺寸甚至是设计图案，使得每一件产品都能反映出消费者的个人品位和文化审美。例如，消费者可以根据自己的喜好定制一件民族图案的服装，或者参与某个陶瓷产品的绘制过程中，选择自己喜欢的颜色和图案。这样的参与感和个性化设置，不仅增强了消费者的购买意愿，也提高了产品的附加值。定制服务还能够作为乡村文化传播的一种方式，通过消费者与制作者的直接交流，增加消费者对乡村文化的理解和兴趣。在定制过程中，制作者可以向消费者介绍材料的来源、制作技艺的传承，以及产品背后的文化故事，这种深入的文化交流是普通销售方式难以实现的。此外，定制服务还可以通过线上平台进行推广，利用现代信息技术，如网站、社交媒体等工具，展示产品的定制过程和成品效果，吸引更广泛的消费者群体。消费者可以在网上浏览不同的产品选项，进行在线定制，甚至通过虚拟现实技术预览定制产品的实际效果，这种便捷的服务模式能够有效扩大乡村文化产品的市场范围。为有效提供定制服务，乡村文化产品的制造商需要具备灵活的生产能力和良好的客户服务系统。这包括对产品生产流程的精细管理、对客户需求的快速响应以及对定制产品质量的严格控制。同时，制造商还需要建立一套有效的物流配送系统，确保定制产品能够安全、准时地送到消费者手中。通过提供定制服务，乡村文化产品不仅能满足市场对个性化和高质量文化产品的需求，还能通过增加消费者参与度，提升品牌的知名度和消费者的忠诚度。随着消费者对文化产品个性化需求的增加，定制服务将成为乡村文化产品市场拓展中一个重要的增长点。这种服务不仅能够带动产品销售，更是一种有效的文化推广方式，有助于提升整个乡村文化产业的发展水平和市场竞争力。

四、跨界合作

跨界合作通常意味着与不同行业或领域的品牌、艺术家、设计师等合作，共同开发新的产品或服务，这种合作能够为乡村文化产品带来新的视角和创意，也能达到优势互补和资源共享的效果。在进行跨界合作时，乡村文化产品可以与时尚、家居、美食等行业的品牌合作，将传统手工艺技术和元素融入现代产品设计中，从而吸引更广泛的消费群体。例如，将传统刺绣或编织技术应用到高端时装或家居装饰品中，可以使这些产品保留文化的独特性同时符合现代消费者的审美和使用需求。此外，乡村文化产品还可以与科技企业合作，利用现代科技手段如虚拟现实、增强现实技术，创造互动式的文化体验产品，如虚拟的文化遗址旅游、互动的传统手工艺教学等。这样的产品不仅能提供深入的文化体验，还能通过科技的力量吸引年轻一代消费者的兴趣。跨界合作还可以是与其他文化领域的结合，如音乐、影视等。通过这些领域的合作，可以将乡村文化产品植入音乐视频、电影、电视剧中，以一种自然而然的方式展示这些产品，从而达到潜在的广告效应。此种方式不仅可以扩大乡村文化产品的受众基础，还能增加产品的文化深度和故事性，使产品更具吸引力。跨界合作成功的关键在于找到合适的合作伙伴和创造双赢的合作模式。合作双方需要有共同的目标和愿景，同时各自的品牌理念和市场定位也应相互契合。在合作过程中，双方应共同参与产品的设计、开发和推广，确保产品能够真实地传达双方的品牌价值，同时满足市场需求。通过跨界合作，乡村文化产品不仅可以突破传统的市场限制，还能引入新的设计理念和技术支持，提升产品的市场竞争力。这种合作方式可以使乡村文化产品在全球化竞争中占据有利地位，促进文化的传承和创新。因此，跨界合作是乡村文化产品市场拓展的一个重要方向，通过不断的探索和实践，可以发现更多合作的可能性和机会。

五、国际市场

乡村文化产品进入国际市场是一种扩大影响力和促进销售的有效途径，通过将地方特色和传统工艺推广到全球，不仅能够提升产品的国际知名度，还可以增加乡村地区的文化和经济价值。想要成功地将乡村文化产品推向国际市场，需要进行周密的市场研究和策略规划，包括了解目标市场的文化喜好、消费习惯和法律法规等。在推广乡村文化产品到国际市场的过程中，品牌建设是关键。建立一个具有国际吸引力的品牌，可以通过参加国际贸易展览会、文化交流活动等方式，展示乡村文化的独特性和艺术价值。通过这些活动，不仅可以直接与国际买家和分销商建立联系，还能够增加产品的国际曝光率。此外，合作与合资企业也是乡村文化产品走向国际市场的有效方式。通过与已经在国际市场上具有影响力的品牌合作，可以借助合作伙伴的渠道和资源，更快地进入目标市场。这种合作通常包括共同开发产品、共享市场资源等，可以有效地降低进入国际市场的障碍和风险。在国际市场上，乡村文化产品的营销策略也需要因地制宜。利用数字营销工具，如社交媒体、电子商务平台等，可以有效地接触到全球消费者。在这些平台上进行定制化的营销推广，通过故事化的内容展示产品的文化背景和制作过程，可以增加产品的吸引力和消费者的购买兴趣。为了应对国际市场的复杂性，对乡村文化产品进行适当的本地化调整也是必要的。这可能涉及产品设计的微调以适应不同文化的审美，或是调整产品的功能以满足特定市场的使用习惯。通过这种本地化调整策略，可以更好地满足国际消费者的需求，提高产品的市场接受度。另一个重要的方面是遵守国际贸易的法律法规。了解并遵守目标市场国的进口规定、质量标准和税收政策，是确保乡村文化产品顺利进入国际市场的前提。这包括获得必要的贸易许可、符合安全标准和环保要求等，这些都是乡村文化产品在国际市场上取得成功的关键因素。通过上述各种策略的实施，乡村文化产品可以在国际市场上获得成功，不仅能为生产这些产品的乡村地区带来经济利益，还能促进文化的交流与传播，提升我国乡村文化的国际地位。随着全球化趋势的加深，乡村文化产品的国际市场拓展将是一个重要的增长领域，为乡村地区的可持续发展提供支持。

第五章　乡村文化产业发展模式与战略规划

第一节　乡村文化产业发展模式的选择与创新

一、文化旅游与体验经济结合

结合文化旅游与体验经济是乡村文化产业发展中的一个重要模式，它利用乡村地区丰富的文化资源，通过创造身临其境的体验活动，吸引游客，增加经济收益。这种模式不仅能够促进当地文化的保护和传承，还能激发当地经济活力，提升乡村地区的整体吸引力。文化旅游和体验经济的结合，通过提供独特的文化体验活动，如手工艺制作、传统乐器演奏、民俗节庆参与等，使游客能够深入体验和了解乡村文化的真实面貌。这种互动性强的体验，通常比单纯的观光更能留住游客的心，也更易于通过口碑传播吸引更多的游客。例如，游客可以在当地艺术家的指导下学习制作陶瓷或编织篮子，这不仅使他们能够带走一件具有纪念意义的手工艺品，也让他们对当地文化有了更深的理解和尊重。通过这些体验，乡村文化的独特性得到了展示，同时增加了游客的满意度和复访率。此外，将文化旅游与体验经济结合还能带动周边产业的发展，如住宿、餐饮、交通等，形成一条经济增值链，促进整个区域的经济发展。为了更有效地发展这一模式，乡村地区可以建设专门的文化体验中心或工作室，提供定制化的服务，满足不同游客的需求。还可以通过建立在线平台，提供在线预订服务，使游客能够事先了解和选择他们感兴趣的体验活动。为了保持文化旅游与体验经济的活力和吸引力，持续的创新是必要的。乡村地区可以定期举办特色文化节庆活动，引入新的体验项目，或者与艺术家合作开发独特的体验活动，不断提供新的体验内容。此外，也可以通过与其他旅游目的地或文化组织合作，交流经验，共同推广，扩大市场影响力。此模式成功的关键在于真实地展现乡村文化的魅力和价值，同时确保活动的可持续性，避免对环境和文化产生负面影响。通过有效的管理和创新，将文化旅游与体验经济结合的模式不仅可以增加乡村地区的经济收入，还可以提高当地居民的生活质量，增强他们对传统文化的自豪感，从而实现经济效益和社会文化价值的双重提升。这种模式表明，乡村文化旅游不仅是经济发展的途径，更是文化传承的桥梁，它通过提供深度的文化体验，帮助更多人了解和尊重乡村的传统与现代价值。

二、利用现代技术推广乡村文化产品

利用现代技术推广乡村文化产品是一种能够有效连接传统与现代、本地与全球的策略。随着科技的迅速发展，数字化工具和平台为乡村文化产品的市场拓展提供了前所未有的机会。通过互联网、社交媒体、电子商务和多媒体技术，乡村文化产品可以跨越地理界限，吸引全球消费者的注意。例如，通过建立在线商店，乡村手工艺人可以直接将他们的产品销售给世界各地的消费者，不仅提高了销售渠道的效率，也扩大了市场范围。社交媒体平台如小红书、抖音等，因其强大的视觉影响力和用户互动性，成为推广乡村文化产品的理想平台。通过这些平台，艺术家和制造商可以展示他们的制作过程、分享背后的文化故事，从而吸引并建立起忠实的粉丝群体。这种透明和故事化的营销策略不仅能增加产品的吸引力，还能促进消费者的情感投入。此外，虚拟现实（VR）和增强现实（AR）技术的应用，为体验和购买乡村文化产品提供了新的方式。消费者可以通过 VR 设备，仿佛身临其境地参与到乡村节庆活动中，或在自己的家中通过 AR 技术“试穿”传统服饰，这些体验使得乡村文化产品更具吸引力，同时提高了用户的购买意愿。电子商务平台也是推广乡村文化产品的关键途径，通过平台如亚马逊、eBay 及阿里巴巴等，乡村文化产品可以直接进入全球市场。这些平台的国际化和物流支持，使跨国销售变得简单和可行。产品展示、订单处理、客户服务等环节的数字化处理，可以极大提高销售效率和客户满意度。为了更有效地利用现代技术推广乡村文化产品，必须确保产品信息的准确性和吸引力。高质量的图片、视频和详尽的产品描述是成功在线销售的关键。同时，定期更新内容和参与在线互动变得尤为重要，这有助于维持消费者的兴趣和忠诚度。利用现代技术不仅能提高乡村文化产品的市场可见度，也有助于文化的传播和保护。数字化可以作为一种记录和保存工具，将传统技艺和文化遗产以数字形式保存下来，供未来世代学习和欣赏。通过智能化的营销策略，可以对不同市场和消费者群体进行精准营销，提高营销的效率和效果。总之，现代技术的运用在推广乡村文化产品方面具有巨大的潜力和多样的可能性，能够为乡村地区的经济发展提供新的动力，同时为全球消费者提供享受和体验丰富多彩乡村文化的新途径。这种高效的推广方式不仅有助于文化的传播，也促进了文化产品的创新，使得传统文化和现代科技能够和谐共融，共同进步。

三、发展文化创意产业

发展文化创意产业是乡村文化产业的重要方向，它依托于乡村独特的文化资源和创意潜力，通过创新和艺术化的手段，将传统文化转化为市场竞争力强的文化产品和服务。这种模式不仅有助于保护和传承传统文化，还能激发乡村地区的经济活力，提高居民的生活质量。文化创意产业包括艺术品制作、设计服务、文化旅游、文化展览等多个方面，通过这些产业的发展，可以大大提高乡村的文化吸引力和经济价值。乡村地区通常拥有丰富的自然和人文资源，这些都是文化创意产业发展的重要基础。通过艺术家和设计师的创意加工，传统手工艺品可以转化为具有现代设计感的家居装饰品、时装或其他生活用品，这些产品不仅在国内市场有较高的需求，在国际市场上也具有很强的竞争力。此外，乡村的传统节庆、民俗活动以及传统美食也可以成为文化旅游产品的一部分，吸引游客体验乡村的传统生活方式和文化特色。为了有效地发展文化创意产业，需要依靠创新的思维和先进的技术。例如，利用数字化工具将传统艺术作品进行数字化复制和创新设计，既能保护原有的文化遗产，又能满足现代消费者对文化产品的新需求。同时，通过网络平台的力量，将乡村的文化创意产品推向全球市场，这不仅可以扩大销售渠道，还可以增加乡村文化的国际影响力。此外，培养和吸引创意人才是发展文化创意产业的关键。乡村地区可以通过与高等院校、研究机构的合作，引入艺术设计、文化研究等方面的高端人才，为乡村文化创意产业的发展提供技术和智力支持；也可以通过举办艺术节、设计大赛等活动，激发当地居民特别是年轻人的创意潜力，促进文化创意产业的内生增长。乡村地区发展文化创意产业还需要良好的政策环境和市场环境的支持。政府可以出台相关政策支持文化创意产业的发展，如提供税收优惠、创业资金支持、市场推广援助等。同时，建立起完善的市场运作机制，如文化产品认证系统、知识产权保护机制等，为文化创意产业的健康发展提供保障。总之，发展文化创意产业是乡村振兴的有效途径，它不仅能够为乡村地区带来经济效益，还能促进文化的传承和创新。通过不断的探索和实践，乡村文化创意产业有望成为推动地方经济发展和文化复兴的新引擎。这种发展模式需要社会各界的广泛参与和支持，通过汇聚政府、企业和公众的力量，共同推动乡村文化创意产业的繁荣发展。

四、建立品牌和标准化

建立品牌和标准化是乡村文化产业发展中的一个关键策略，它有助于提高产品的市场认知度和消费者信任，从而增加产品的市场竞争力和经济价值。通过品牌化，乡村文化产品可以更好地与消费者沟通其独特的文化价值和工艺特色，同时通过标准化操作确保产品质量和服务的一致性，为消费者提供稳定可靠的购买体验。品牌建立起始于对乡村文化核心价值的深入挖掘和高度概括，需要将乡村的历史背景、文化特色、工艺技艺等元素，融入品牌故事和形象设计中。有效的品牌传播策略应该包括使用各种媒介和渠道，如传统广告、社交媒体、公关活动等，来提升品牌的知名度和影响力。此外，与知名设计师或品牌合作，进行跨界营销，也是提升品牌价值的一种有效方式。标准化是另一个关键点，它涉及产品设计、生产过程、质量控制和客户服务等各个环节的标准设定和执行。制定一系列行业标准和操作规程，不仅可以有效控制产品质量，减少生产成本，还能在消费者中树立专业可靠的形象。

例如，在手工艺品生产中，可以设定原材料的选用标准、工艺流程的规范和成品的质量检验标准。同时，品牌和标准化的建立需要依托现代技术和市场调研。市场调研可以帮助了解目标市场的需求和偏好，从而指导产品设计和营销策略的调整。现代技术如数据分析、在线营销工具等，可以提高品牌建立和标准化过程的效率和精确性。品牌建立和标准化对于提升乡村文化产业的国内外市场竞争力尤为重要。国际市场对品牌和质量标准的要求通常更高，因此，通过建立强有力的品牌和严格的质量控制系统，乡村文化产品能够更好地进入国际市场，提升其全球影响力。此外，持续的品牌维护和标准更新是确保长期成功的重要因素。随着市场环境和消费者需求的变化，品牌和标准化策略也需作出相应的调整和优化。通过定期进行品牌评估和市场分析，可以及时发现问题并进行调整，保持品牌的活力和市场竞争力。总之，建立品牌和标准化是乡村文化产业发展中的重要环节。通过有效的品牌建立和严格的标准化操作，乡村文化产业不仅可以在国内市场赢得更多消费者的认可和信任，还能在国际市场上展示其独特的文化魅力和工艺价值。这一策略的成功实施，需要结合当地的实际条件，充分利用现代技术和市场营销手段，不断创新和优化，以适应不断变化的市场需求和竞争环境。

五、培育文化产业园区

培育文化产业园区是乡村文化产业发展中一种重要的模式，它集中了创意设计、生产、展示和销售等多个功能，不仅为文化产业的集聚和协同创造提供空间，也是推动文化创新和文化交流的重要平台。文化产业园区通常由政府或私人企业投资建设，通过提供优惠政策和良好的基础设施吸引企业和艺术家入驻，形成文化创意产业的聚集区，从而带动整个区域的文化经济发展。文化产业园区的建设首先需要充分利用当地的文化资源，如传统工艺、民俗活动、历史建筑等，将这些资源进行有效的整合和提升。例如，可以改造传统村落或老工厂变为工作室、展览馆或创意市场，使这些具有文化价值的场所再次焕发新的生命力。这种利用已有资源的方式不仅能节约成本，还能保护和传承传统文化，增强园区的文化底蕴和吸引力。此外，文化产业园区需要提供多样化的服务和设施，以满足不同企业和创意工作者的需求。这包括提供创业孵化服务、技术支持、市场推广、法律咨询等一系列支持，帮助入驻者在园区内成长和发展。园区内还应有展览和表演的场所，为艺术家和设计师提供展示自己作品的平台，同时为公众提供欣赏和购买文化产品的机会。为了增强文化产业园区的竞争力和影响力，园区管理者应该建立与国内外其他文化园区的合作网络。通过交流合作，不仅可以学习先进的管理和运营经验，还可以共同举办展览、节庆活动等，扩大文化产品的市场，增加文化交流和影响力。同时，园区还应积极参与地方政府的文化战略规划，通过政策支持和资源整合，进一步提升园区的发展潜力和品牌价值。园区的可持续发展还需要注重生态环境的保护和社区的参与。建立绿色环保的园区，如使用环保材料、建设绿色建筑、设置节能系统等，不仅能减少对环境的影响，还能提升园区的整体形象和吸引力。此外，园区应与当地社区密切合作，鼓励社区居民参与园区活动，如艺术工作坊、文化节庆等，这样不仅能增强社区的文化氛围，也能促进社区经济的发展。通过以上措施，文化产业园区不仅能成为推动当地文化产业发展的重要力量，还能成为城乡文化交流的桥梁，增强乡村地区的文化自信和社会活力。文化产业园区的成功案例表明，这种集聚和创新的模式能有效地将文化资源转化为经济增长点，同时为文化的传承和创新提供了广阔的平台。

六、国际合作与市场拓展

国际合作与市场拓展是乡村文化产业发展的重要策略，通过这一途径，乡村地区能够将本土文化资源转化为具有国际竞争力的文化产品，同时借助全球视野和资源，实现可持续的文化和经济发展。国际合作不仅包括与外国企业的合作，还涉及与国际组织、外国文化机构的交流与合作，这些活动有助于提升乡村文化产业的品质和知名度，开辟国际市场。国际合作，可以通过多种方式进行，如与国外文化产业园区建立伙伴关系，共同举办国际艺术节、展览和交流活动。这不仅能够展示乡村文化的独特魅力，也为国内艺术家和文化企业提供了展示才华和交流学习的平台，增加了乡村文化产品的国际曝光率。此外，可以利用国际合作进行技术和知识的交流，引进先进的管理经验和创新技术，提高乡村文化产业的运营效率和产品质量。市场拓展则需要对国际市场进行深入研究，了解不同文化背景的消费者需求和市场趋势。这需要乡村文化产业制定具有针对性的市场进入策略和营销计划。例如，可以通过参加国际贸易展览会、文化节、在线平台推广等方式，将乡村文化产品直接介绍给国外消费者。同时，也要注意产品的文化适应性设计，使其不仅能够表达本土文化特色，也符合国际消费者的审美和使用习惯。数字化技术的运用是国际市场拓展中的一个重要工具。通过建立多语言的电子商务网站、利用社交媒体进行国际营销、采用虚拟现实技术展示文化体验等方式，可以有效地突破传统市场的地理和语言限制，吸引更广泛的国际消费者。此外，数字化还能帮助乡村文化产业实时获取市场反馈，快速调整市场策略，提高市场响应速度。国际市场的法律和文化差异也是乡村文化产业在进行市场拓展时必须考虑的问题。为此，乡村文化产业需要与具有国际视野的法律顾问和市场专家合作，确保产品的国际贸易符合目标市场的法规和文化规范。这不仅有助于避免潜在的市场风险，也有助于建立企业的国际信誉。国际合作与市场拓展对于乡村文化产业来说，是一种挑战与机遇并存的发展模式。通过有效的国际合作和精准的市场拓展策略，乡村文化产业不仅可以提升自身的国际竞争力，还能为本地文化的传播和经济的增长带来新的动力。这种跨界融合的发展策略，需要乡村文化产业在维持传统本质的同时，不断创新和适应全球化的市场需求。

七、社区参与和可持续发展

社区参与和可持续发展是乡村文化产业选择和创新发展模式中极为关键的部分，它们为保持文化的活力与推动经济的进步提供了基础。社区参与强调的是地方居民在文化活动的策划、实施及管理过程中的主动参与，这不仅有助于使文化活动的内容更贴近当地实际，也增强了项目的接受度和影响力。可持续发展则着眼于在发展文化产业的同时，注意资源的合理利用和环境的保护，确保文化产业的长期繁荣不会以牺牲生态或社会福祉为代价。社区参与的核心在于激发和利用当地居民的知识、技能和热情，使他们成为文化保存与创新的主体。居民可以通过参与文化产品的创作、文化活动的组织和文化场所的运营等多种形式，直接影响乡村文化产业的发展方向和成效。例如，传统工艺的传承可以通过组织工艺培训班，由老一辈工匠向村里的年轻人传授技艺，不仅保存了传统技艺，也为年轻人创造了就业机会。此外，让社区成员参与决策过程，如文化项目的选择和规划，可以确保这些活动符合社区的需求和期望，从而更有效地推动文化的传播和产业的发展。可持续发展则要求在发展文化产业的过程中，要坚持环保原则和经济效益的平衡。这包括合理利用自然资源，控制环境污染，保护生态环境，同时确保文化活动能够持续带来经济利益。例如，在发展乡村旅游时，应采取措施限制游客数量，避免过度商业化和环境破坏。同时，通过引入绿色技术和可再生资源，如使用太阳能路灯和循环水系统，不仅减少了对传统能源的依赖，也展示了乡村对可持续理念的承诺。此外，可持续发展还需要通过教育和宣传来提高公众对文化遗产保护重要性的认识。通过学校教育、社区讲座等方式，增强居民对文化和环境保护的意识，鼓励他们参与到文化资源的保护和可持续利用中。这种广泛的社会参与不仅有助于提升文化传承的深度和广度，也是推动乡村文化产业长远发展的重要保障。

综合来看，社区参与和可持续发展是乡村文化产业发展中不可或缺的两翼。社区的广泛参与保证了文化活动的地道性和广泛性，而可持续发展的理念则确保了这些文化活动不会对环境造成破坏，且能长久地为当地社区带来经济和社会效益。通过这种模式，乡村文化产业能够实现自我增值和自我再生，为当地乃至全球文化多样性和社会发展作出贡献。

第二节　乡村文化产业的战略规划与可持续发展

一、延拓乡村文化资源开发的思维方式

（一）辩证思维：乡村文化资源开发的引领

辩证思维是马克思主义唯物辩证法在思维实践中的运用。辩证思维强调用联系和发展的眼光看待问题，既能全面认识到矛盾双方的对立统一关系，又能根据客观事物的发展演变及时作出调整，还能从片面的、狭隘的、二元对立的思维惯性中解放出来，及时修正自己看待问题的角度和方式。在这个过程中，思维主体需要充分了解客观事物的发展规律，通过事物全部总和的展开，抓住关键问题，分析主要矛盾，并采取有效手段解决问题，使矛盾双方达成统一。在乡村文化资源开发中遇到的传统与现代、个性化与规模化、文化与经济等各种矛盾冲突，都需要在辩证思维的引领下来协调解决。在继承传统文化的同时满足现代社会需求，才能创造出符合时代潮流的文化产品；兼顾个性化创造和规模化复制的生产方式，才能满足人们的多样化需求；文化产品既有很高的经济价值又有深刻的文化内涵，才能在市场中保持长久竞争力，实现可持续发展。由此可见，矛盾双方并不是对立的，而是一种辩证统一关系，否定或偏颇任何一方最终都会走向失败的境地。此外，开发主体还应该运用辩证思维正确处理乡村文化资源开发中“快”与“慢”的关系。近年来，我国经济发展正处于转型时期，同样在资本的推动下，我国乡村文化产业发展一直处于高速发展时期，转型期和高速发展期的经济、产业就像一辆行驶在转弯处的汽车，要保证行车安全，必须降速慢行，如果此时选择弯道超车，则会面临车毁人亡的风险。文化建设和产业发展是一个长期积淀的过程，不能急功近利，此时需要有“慢下来”的思维。在乡村文化资源开发的初期，我们可以适当加快速度，以打破已经固化的结构和模式。但在发

展到一定阶段之后，我们需要慢下来，理性思索、科学把握，在总结前人和自身经验的基础上，进一步探索出适合自己的发展模式，然后有目的、有方向地继续前行。如果只注重速度，而没有正确的方向，结果只能是南辕北辙，越来越偏离最初的目标。只有耐得住寂寞，凝神静气、精雕细琢，才能创造出更高质量的文化产品。

（二）战略思维：乡村文化资源开发的基础

“战略”一词最初为军事用语，指对战争全局的谋划与指挥。随着时代的发展，这一概念逐步延伸到军事以外的各个领域，如外交战略、经济战略、文化战略、科技战略、企业战略等。沿用至今，“战略”一词使用更为广泛，它作为一种全局性的、高层次的、重大的规划、谋略或决策，用来指导组织和个人在日益激烈的竞争中把握正确的方向，将有限的资源和力量进行最优化调配，进而达到既定目标。战略思维是指决策者站在时代前沿和全局高度，准确把握客观事物发展的总体趋势，统筹各种战略要素，并综合运用自身各方面知识，对关于国家、社会、经济、文化、科技等发展规划进行构思的过程。战略思维具有整体性、前瞻性和系统性等特征，运用战略思维的根本目的是帮助战略主体做出正确决策。乡村文化资源开发伊始，决策者首先要运用战略思维制定发展规划、预期目标和实施计划。可以说，战略思维是乡村文化项目建设的基础，也是项目思维的升级。战略思维要求决策者能站在时代前沿和全局高度，准确把握客观事物发展的总体趋势，统筹各种战略要素，并综合运用自身各方面知识，对关于国家、社会、经济、文化、科技等发展规划进行构思。战略思维具有整体性、前瞻性和系统性等特征，运用战略思维的根本目的是帮助战略主体作出正确决策，将有限的资源和力量进行最优化调配，从而实现既定目标。在认识论意义上，战略思维是一种科学地认识客观事物的思维方式，它涉及分析战略环境、选择战略目标、制定战略规划、实施战略规划等多个环节。从思维层次上来讲，战略思维是一种高级的思维方式，它能够展现决策者在分析和解决宏观及重大战略问题时的思路、立场和方法。同时，战略思维也是个人或组织具有较高的洞察、谋划和解决问题能力的体现。战略思维在乡村文化资源开发中的运用就是决策者在系统分析该地区战略环境的基础上，明确战略目标、作出战略决策、制订战略规划并保障战略实施的思维过程。其中，战略分析是战略思维的核心环节，也是作出战略决策、制订战略规划以及战略实施是否具有可行性的前提和基础。具体而言，战略分析的重点是对乡村文化资源开发项目的资源优势、政策环境、资金投入、市场环境和未来发展潜力等进行梳理、分析与评价。此后，乡村文化资源开发主体在战略分析的基础上，根据自身的竞争优势，制订并实施战略规划。

（三）产业思维：乡村文化资源开发的核心

产业思维是指企业在开发新项目或面对问题时，企业家站在资本市场和产业链的角度，通过对自身条件、市场环境和供求关系等要素的深入分析，找寻产业机会，明确产业定位，进而确定企业未来发展方向和运营管理模式的思维过程。作为一种观察经济活动的工具，特定的产业可大致分为上、中、下游三个层次，具有线性结构特征。乡村文化资源开发的本质是通过现代化、产业化手段将乡村地区丰富的文化资源转化为文化产品，在这一过程中，产业思维自然成为思维运用的核心。与注重产品本身的产品思维不同，产业思维更关注整个产业生态网的整体结构和逻辑关系，从这个角度看，产业思维是对产品思维的进一步深化。决策者运用战略思维为乡村文化的未来发展确立了总目标，而后，开发主体需要进一步细化目标，站在资本市场和产业链的角度，通过对自身条件、市场环境和供求关系等要素的深入分析，找寻产业机会，明确产业定位，进而确定企业未来发展方向和运营管理模式。在明确产业定位之后，企业围绕着某一类产品的生产，不断向产业的上游和下游延伸，逐步纵向拉长产业链条。在完善产业链条的过程中，还要横向关联产业支撑体系和相关利益群体，持续拓展产业空间的广度与深度，最终形成一个良性、动态的产业生态网络，并随时补充和完善生态网中缺失或薄弱的环节。可见，产业思维不只是思考怎样做产品、做产业，而是在充分挖掘和整合各类资源，深入分析产业要素的基础上，围绕某一类产品打造一个完整的产业生态网。以产业思维开发乡村文化资源，需要开发主体在项目实施之前，系统、深入地挖掘乡村特色文化资源，从土地、政策、资源、资本、人才、组织、文化、技术等价值要素和当下的市场环境等多方面进行评估和分析，从中找出自身的优势与劣势、机会与挑战，从而确定具有较大开发价值和良好前景的产品和产业。乡村文化产业生态网不仅包括位于产业上、中、下游的各个企业，还包含人才、技术、金融资本、基础设施、村民利益、生态与人文环境等。具体而言，就是要厘清产业生态网中各个要素及其之间的联系，发现其中的不足，并逐一补齐短板。需要指出的是，产业思维并不仅是项目实施之前的一次性产业规划，而应贯穿于乡村文化资源开发的始终。乡村文化资源开发，最常见的方式即开展乡村文化旅游，让城里人在观赏乡村景色，体验乡村生活的同时感受乡村文化的独特魅力。乡村文化旅游发展到今天，在整个产业生态网络中依然存在着很多短板。如旅游产品单一、资金支持不足、配套设施落后、生态破坏严重等，真正有文化、知市场、会设计、善运营的企业运营及管理人才更是匮乏。此外，随着乡村旅游消费的升级，如何处理好开发与保护、企业与乡村、新乡人与原乡人的关系，也是亟待解决的问题。由此可见，乡村文化旅游不是简单地建景区、铺公路、种花草、搞卫生，也不单是“吃、住、行、游、娱、购”，在产业生态网的各环节，仍有许多值得深入探索之处。产业思维要求乡村文化资源开发者走进整个产业生态网内部，细致地分析每一个节点和契机，了解企业、组织机构、村民、从业者和消费者的诉求和愿景，帮助他们逐一实现，达到共生、共赢的目标。

（四）跨界思维：乡村文化资源开发的动力

跨界是指跨越事物原有的界线，使其从某一属性进入另一属性的运作。跨界的基础既源于多元文化互渗与相融的特性，也与科技发展相关联。各种高新科技的使用，尤其是互联网技术的普及与信息交流得愈加便捷，促使事物的新属性和潜在价值得以不断发掘。跨界思维要求主体从更加宏观的视野来看待事物之间的联系，尝试打破事物之间的壁垒，并在重组和融合要素的过程中，挖掘原有事物本身所不具备的价值，继而创造出新的模式、理念或业态。从本质上而言，跨界只是一种方式和手段，其根本目的在于融合。事物之间的壁垒被打破之后，信息和要素的交流与重组成为跨界思维的主题，在这一过程中，链接与交融逐渐发生，两种或多种信息的交流融合产生一种新的信息。此后，这种新的信息还将与其他信息进行多次交流融合。以农林牧渔为主的乡村地区主要发展第一产业——农业。基于社会分工的不同，对不同产业进行分割是很有必要的。但如果固于单一性思维方式，就会从根本上忽视农村和农业的多样化功能。农村和农业除具备农产品生产的经济功能之外，还具有保障国家食品安全、维持社会稳定、文化遗产传承等多种功能。倘若局限于产业之间的分离与隔阂，则使农村和农业仅仅注重经济功能，而其政治、社会、生态与文化功能则被遮蔽，无法实现乡村作为社会存在的综合价值，农民的探索力和创造力也将被桎梏在一定范围之内。乡村文化资源开发需要产业思维来定位方向。然而，基于市场需求的多样化，单一的产品或产业类型很难在日益激烈的市场竞争中占据优势，这就需要开发主体灵活运用跨界思维，追寻产业间多元化、多层次融合的发展路径，为乡村文化资源开发提供源源不断的动力。在乡村文化资源的开发过程中，跨界融合的主要形态表现在跨门类融合、跨要素融合和跨产业融合三个方面。其中，跨门类融合主要指不同类型的乡村文化资源，如历史遗迹、乡村饮食、民间艺术、手工艺品、礼仪风俗等内部之间实现优化重组的过程。其目的在于延伸产业链，为市场提供多种类型的产品和服务；跨要素融合主要指以文化、创意、金融、资本、科技、土地、人才、组织等产业要素通过集聚融合形成的联动发展模式。如“乡村文化＋科技”模式、“乡村文化＋金融”模式、“乡村文化＋创意”模式以及其他多种要素组合模式等；跨产业融合主要指通过乡村文化产业与其他产业之间的优势互补和产业关联来实现跨界融合。这种跨界融合方式主要表现为乡村文化资源开发向第一、第二、第三产业的渗透与延伸，如“乡村文化 + 农业”“乡村文化 + 制造业”“乡村文化 + 旅游业”等。跨界思维是一种普遍适用的智慧。跨界的本质不仅表现为一种跨越物理边界的行为方式，更为关键的是要跨越思维观念之“界”。对于企业家来说，跨界思维不只是在进入新的领域时使用，也不是必须跨界时才去跨界，更多的时候表现在时刻观察外部环境的变化、整合内部资源，随时尝试打破自身的组织边界和系统结构来链接、融合新事物。在“互联网 +”“文化 +”“创意 +”的发展模式下，经济本质用最简洁的表述来概括就是：跨界融合，连接一切。在乡村空间里，以农业为根本，以文化为依托，以农民为主体，实现不同门类、不同要素、不同产业间的跨界融合发展是大势所趋。政府和企业在乡村文化资源开发时，应当灵活运用跨界思维，从中提炼出优秀的文化元素，使之与其他产业相结合，形成具有乡村特色文化产业集群式的发展模式。乡村旅游、特色小镇、文化产业园区、田园综合体等都是乡村文化资源与其他产业跨界融合的体现，其中，田园综合体尤其凸显了跨界思维方式。田园综合体涵盖了农业、制造业、旅游业、文化产业以及餐饮、住宿、购物、房地产等多个领域，它通过乡村文化与第一、第二、第三产业的串联，将社会资本和现代化理念引入乡村，实现乡村文化与生产、生活、生态的融合，从而促进乡村经济的发展。需要指出的是，跨界融合有时也会出现产业任意搭配、基因不匹配的问题。在具体实践中，我们经常会看到一些突兀的组合：在以名人故居为噱头的特色小镇中，充斥着大型游乐场和马戏表演；在充满中国传统乡村意象和人文风情的田园综合体中，出现了不少颜色亮丽的欧式风格的建筑和民宿；在庄严肃穆的红色文化旅游景区里，演出的剧目是一部荒诞、低俗的抗日情景剧。许多项目开发主体把跨界融合简单地理解为产业的叠加，追求“大而全”，忽视“小而美”。因此，在跨界之前，一定要对所涉及的行业进行深入的研究，如产业的特性、定位、市场前景等，进而形成合理的产业融合方式，实现产业基因间的完美对接。

二、乡村文化产业可持续发展

（一）文化资源的保护与活化

文化资源的保护与活化是乡村文化产业可持续发展的重要方面，涉及如何保存乡村独有的文化遗产，同时将这些资源转化为能够带动经济发展的活力元素。这一过程不仅关乎文化遗产的物理保存，更包括文化意义的传承和创新实践的推广。乡村地区通常拥有丰富的文化资产，如传统的手工艺技术、民间艺术、习俗和节日活动，这些都是文化身份和历史连续性的重要标志。在文化资源的保护方面，关键是对这些传统知识和技能的系统记录和学习。许多乡村文化因未被正确记录和继承而面临消失的危险。通过建立文化档案，记录传统艺术的制作过程、历史背景及其在当代社会的影响，可以为后代提供学习和研究的基础。同时，通过邀请艺术家和工匠参与文化节目的演出和展示，或在学校及社区中心举办工作坊，传授技能给年轻一代，可以有效地传承这些技艺。文化活化则更侧重于将传统文化资源与现代市场需求相结合，使其变得生动和在经济上具有可行性。例如，传统的织布、陶瓷或木工艺品可以通过现代设计的融入而更加符合现代消费者的审美和使用需求，从而在国内外市场上找到新的生存空间。此外，通过举办文化节庆活动或开发以文化体验为主题的旅游产品，不仅可以增强乡村地区的吸引力，还能直接带动当地的经济发展。为实现有效的文化资源保护与活化，需要地方政府、社区组织、教育机构以及私人企业的共同努力。政府可以通过制定相关政策和提供资金支持，鼓励文化资源的保护工作和创新活动。社区组织和教育机构则在文化传承和教育普及中发挥着核心作用，而私人企业则可以通过投资文化项目，将传统艺术转化为可持续的商业模式。此外，通过与国内外的文化交流和合作，乡村地区的文化资源可以获得更广泛的认识和更高的价值评估。国际合作项目不仅可以带来资金和技术支持，还能提供一个更大的平台，展示乡村文化的魅力和价值，从而吸引更多的关注和投资。总的来说，文化资源的保护与活化需要综合考虑历史价值、文化意义及市场潜力，通过创新和适应性策略，将乡村的传统文化转化为推动当地发展的重要资产。这不仅有助于文化遗产的保护，也促进了经济和社会的可持续发展，使乡村文化产业成为连接过去与未来的桥梁。

（二）生态友好型发展

生态友好型发展是乡村文化产业可持续发展的核心，强调在促进文化与经济增长的同时，确保对自然环境的最小冲击。这种发展模式需要乡村地区在推动文化产业时，采取措施保护生态环境，维持生物多样性，并促进资源的可持续使用。生态友好型发展不仅关注环境保护，还涵盖了增强社区的环境意识和参与度，以及通过环保创新推动经济活动。实施生态友好型发展的一个重要策略是推广生态旅游。这种旅游方式鼓励游客参与到保护环境的活动中，如参观野生动植物保护区、参与清洁自然景区的活动等。生态旅游不仅提高了游客的环保意识，还直接为保护活动提供了资金支持。此外，乡村地区可以通过开发以环保为主题的文化体验产品，如生态农业体验、传统生态建筑参观等，既展示当地的文化特色，又强调对环境的尊重和保护。另外，生态友好型发展还涉及传统技艺和工艺的绿色转型。乡村地区的传统产业如纺织、染色、造纸等，传统方法可能涉及对环境的不利影响。通过引入环保技术和材料，如使用自然染料、废水循环处理系统等，可以减少生产过程中的环境污染。同时，这些改进还可以提升产品的市场竞争力，因为现代消费者越来越重视产品的环保属性。加强环境教育和社区参与也是生态友好型发展的关键部分。乡村地区可以通过教育项目，如在学校开设环境保护课程，或组织公众环保活动，增强居民对生态保护的认识和责任感。社区参与项目不仅提高了项目的接受度和效果，还帮助居民从中获得实际利益，如通过参与生态旅游项目获得收入。此外，乡村文化产业的生态友好型发展还需要政府的政策支持和激励措施。政府可以通过提供财政补贴、税收优惠等政策支持环保技术的引进和应用，同时通过立法保护重要的自然和文化资源。政策的制定应充分考虑当地的具体情况，确保政策既能有效推动经济发展，又不会对环境造成负担。

总体而言，生态友好型发展要求乡村文化产业在发展的每一个阶段都融入环保的理念和实践，通过创新和合作，实现经济、文化与环境的和谐共生。这种发展模式不仅有助于保护乡村地区的自然生态，还能为当地居民带来持续的经济和社会利益，是真正意义上的可持续发展。

（三）社区参与和赋权

社区参与和赋权是乡村文化产业可持续发展中的核心方面，它强调将当地社区作为文化保护和产业发展的主体，通过增加他们的决策权和受益机会，实现文化与经济的双重发展。社区参与不仅能让当地居民有机会表达他们对于文化活动和项目的看法，还确保文化活动的发展能够更好地满足社区的需求和利益。赋权则能进一步提升社区居民在文化产业发展过程中的能力和自主权，包括提供必要的资源、知识和技能，使他们能够有效地参与并从中受益。在乡村地区，文化资源如传统工艺、民间艺术、历史建筑等，是社区身份和凝聚力的重要来源。通过社区参与，可以确保这些资源的保护和利用更加符合当地的文化特性和社区的期望。例如，通过组织工作坊和训练班，不仅可以传承传统技艺，还可以探索这些技艺的新用途或商业模式，如将传统编织或陶艺技术应用于现代设计中。在赋权过程中，重要的是提供教育和培训机会，这些机会可以增强社区成员的技能和创业能力。教育不仅限于传统文化知识的传授，还包括市场营销、企业管理、数字技能等，这些都是在现代文化产业竞争中的必备技能。例如，教居民如何利用电子商务平台销售手工艺品，帮助他们拓宽销售渠道，增加收入。此外，实现社区赋权还需要提供适当的金融支持和资源。这可以是政府或非政府组织提供的小额贷款、补贴或者设备支持，帮助社区成员开展自己的文化企业或项目。通过这种方式，社区不仅能够保持文化活动的持续性，还能确保这些活动在经济上的可行性和独立性。社区参与和赋权的另一个重要方面是政策制定。确保社区成员能够参与文化政策的制定过程中，让这些政策更加贴近社区的实际需要和期望。此外，通过法律和政策保护社区对本地文化资源的使用权和管理权，可以防止外部利益对这些资源的过度商业化和不当利用。通过这些措施，社区参与和赋权可以强化乡村文化产业的根基，使之不仅成为经济增长的驱动力，还是社区凝聚力和文化自豪感的源泉。有效的社区参与和赋权可以确保文化产业的发展既符合当地文化传统，也符合现代市场的需求，从而实现真正的可持续发展。这种发展模式不仅有助于文化的保护和传承，还促进了社区的整体福祉和经济自立。

第三节　乡村文化产业发展的政策支持与引导

一、财政支持和补贴

财政支持和补贴是政府推动乡村文化产业发展的重要手段，通过提供资金帮扶，政府能够刺激文化活动的多样性和质量，降低文化项目运营的风险，并鼓励私人和社区投入。这种支持通常体现在以下几个方面：直接资金注入、税收优惠、减免政策和特定项目的资助。直接资金注入是最直接的财政支持形式，政府可以为文化企业或项目提供启动资金，帮助它们在初期克服财务困难，这种支持尤其对于初创文化企业至关重要。例如，对于那些致力于恢复和保护传统工艺的小型企业，政府的资金帮助可以支持它们购买必要的材料和设备，支付工艺传承人的工资，从而保持技艺的传承不被市场经济压力所淘汰。税收优惠是另一种常见的支持方式，政府可以为从事特定文化活动的组织和个人提供减免税收的优惠政策。这不仅减轻了企业的经营负担，还通过税收激励促进了文化产品和服务的创新和多样性。税收优惠包括减免所得税、增值税或其他相关税种，这对增强乡村文化企业的市场竞争力有着直接影响。政府还常通过提供特定项目资助的方式支持文化产业。这类资助通常针对具有重要文化价值或社会影响的项目，如文化遗址的保护工程、大型文化活动的举办或文化艺术的推广活动。项目资助不仅仅提供了必要的财务支持，更是一种对文化价值认可和推广的表现，有助于提升整个社区对文化遗产的重视程度和参与度。此外，政府通过减免政策支持文化产业的发展，例如对文化产业用地提供优惠条件，对从事文化产业的企业提供租金减免等。这些政策使得文化企业能够在资金较为紧张的情况下也能保持正常运营和发展，从而在激烈的市场竞争中站稳脚跟。通过上述多种形式的财政支持和补贴，政府能够有效地促进乡村文化产业的繁荣发展。这不仅有助于文化多样性的保护和传承，也为乡村经济提供了新的增长点。此类政策的制定和实施，需要政府与文化产业从业者之间建立良好的沟通和合作关系，确保资金得到有效利用，最大限度地发挥其经济和社会效益。

二、法律和政策框架

法律和政策框架是支持乡村文化产业发展的基础，为文化资源的保护、合理利用及产业活动的规范提供必要的制度保障。明确的法律框架有助于形成健全的市场环境，保护文化产业的知识产权，防止文化资源被非法侵占或不当利用，同时确保文化活动的可持续性。具体来说，有效的法律和政策框架包括文化遗产保护法规、知识产权法、文化市场管理条例等多个方面。文化遗产保护法规对于乡村文化产业尤为重要，这些法规通常涉及对传统文化表达形式、历史建筑和重要自然景观的保护。例如，政府可以制定法律保护非物质文化遗产，确保传统技艺、民俗活动和语言等得到有效保存和传承。此类法规不仅有助于保存文化多样性，也为文化旅游和相关产业的发展提供了丰富的资源。知识产权法是保护创新和创造性成果的另一重要方面。在乡村文化产业中，许多传统工艺和艺术形式都可以通过知识产权法律得到保护，如版权、商标和专利等。这不仅有助于保护本土创作者的成果，防止外部剽窃和非法复制，还能通过许可和转让等方式为创作者带来经济收益。此外，知识产权的有效管理和执行还能激励更多的文化创新活动，推动文化产业的多元化发展。文化市场管理条例则直接影响文化产品和服务的市场行为。这包括文化活动的许可、文化商品的质量监管、文化广告的管理以及对文化市场不正当竞争的监管等。通过这些规定，政府能够确保市场中的文化产品和服务质量，保护消费者和生产者的权益，促进公平竞争。此外，文化市场的健康发展也需要相关的税收政策和财政激励措施作为支持，如对特定文化产品给予税收减免，为从事特定文化活动的企业提供财政补贴等。在实施上述法律和政策时，需要考虑地方的特殊性和文化的多样性。地方政府可以根据本地的文化特点和发展需求，制定或调整相应的法规和政策，以适应当地的实际情况。例如，针对某一特定的民族文化区，政府可以制定专门的保护措施和扶持政策，确保这些独特文化的可持续发展。法律和政策框架为乡村文化产业的保护、发展和规范化管理提供了坚实的基础。通过制定和执行合理的法律政策，不仅能够保护和利用好文化资源，还能够促进文化产业的健康发展，增强文化的社会影响力和经济贡献，最终实现文化与经济的双重增长。这需要政府、文化从业者以及社区的共同努力和协作，确保政策的实施既符合国家法律的要求，也符合地方的文化特色和发展需要。

三、建设基础设施

建设基础设施是促进乡村文化产业发展的一项关键政策支持。通过提高乡村地区的可达性和改善生活环境，基础设施建设可以显著提高文化活动的质量和吸引力，从而带动文化旅游和相关产业的增长。为了实现这一目标，政府需投入资金用于交通、通信、能源和公共设施等多个方面的建设和升级。交通基础设施的改进对于连接乡村与外界至关重要。良好的交通网络使游客能够方便快捷地到达乡村地区，参与当地的文化活动和体验传统生活方式。这包括修建和维护道路、桥梁以及公共交通系统，如巴士和火车服务。例如，政府可以对乡村地区的道路进行铺设和改造，确保道路通畅，安全性高，从而吸引更多的游客和文化活动的组织者。通信基础设施的建设也是推动乡村文化产业发展的重要方面。在数字化时代，高速互联网服务不仅能够帮助乡村文化企业拓展市场，还能通过网络平台展示乡村文化，吸引更广泛的关注。因此，政府需要在乡村地区推广宽带服务，提供无线网络覆盖，使得乡村地区的文化内容能够通过现代信息技术传播至全国乃至全球。能源设施的现代化是提升乡村地区生活质量和促进文化产业发展的另一个重要环节。可靠的电力供应是举办各种文化活动的基础条件，特别是在举办夜市、音乐节等需要照明和音响设备的活动时。政府可以通过建设太阳能发电站、小型水电站等，提供稳定和清洁的能源供应，支持乡村文化活动的举办和文化产品的制作。此外，公共服务设施的建设如卫生设施、清洁水源和废物处理系统等也不可忽视。这些基础设施直接影响到乡村地区的居住环境和游客的体验质量。政府应当在提升乡村地区公共服务水平上进行投资，改善居民和游客的基本生活条件，从而使乡村地区更具吸引力。通过对这些关键基础设施的投资和升级，政府不仅可以改善乡村地区的物理和技术环境，还能有效促进乡村文化产业的发展。这种发展不仅增强了乡村的经济实力，也有助于文化遗产的保护和传承，同时提高乡村地区的整体吸引力，吸引更多的游客和文化爱好者前来体验和欣赏。通过这些措施，乡村文化产业将能够实现可持续发展，为当地居民带来长远的经济和社会效益。

四、教育和培训

教育和培训在乡村文化产业发展中扮演着至关重要的角色，政府通过实施相关政策支持，可以有效提升当地居民的文化技能，增强其参与文化产业发展的能力。这一政策不仅关注文化技能的传承，还包括对创新能力的培养，以适应现代市场的需求。实施教育和培训项目可以通过多种方式进行，如设立培训中心、开展在线课程教育和组织工作坊等。设立专门的文化培训中心是一种有效的方式，这些中心可以为乡村地区的居民提供专业的艺术和手工艺培训，包括陶瓷制作、编织、木工以及传统音乐和舞蹈等。这些技能不仅是文化传承的重要组成部分，也是乡村文化产业发展的重要资源。通过这种方式，居民们可以在专业的指导下学习和提高自己的技艺，从而有更多机会参与到文化产品的制作和销售中去。在线教育课程是现代技术带来的另一种教育模式，尤其适合地理位置偏远的乡村地区。通过网络平台，政府和教育机构可以提供各种文化教育资源，让乡村地区的居民能够在家中学习到最新的文化知识和技术。这种方式不仅扩大了教育的覆盖面，也极大地方便了居民的学习，使他们能够随时随地进行学习和提升。工作坊和研讨会也是推广文化技能的有效途径，这些活动通常由经验丰富的艺术家或手工艺人领导，不仅提供技能培训，还能激发参与者的创造力。这类活动通常围绕特定的文化主题或项目开展，如本土艺术作品的制作或文化事件的策划等，不仅有助于技能的学习，还能提升居民对本土文化的认同感和自豪感。除了直接的技能培训，教育和培训政策还应关注培养乡村居民的市场意识和创业能力，使他们能够将自身的文化技能转化为经济收益。这包括提供市场分析、产品定价、品牌建设等方面的教育以及指导如何利用现代市场工具，如电子商务平台，来销售自己的文化产品。通过这样全面的教育和培训政策支持，乡村文化产业不仅能够实现技能和知识的传承，还能促进乡村地区的经济发展，提升居民的生活质量。这种教育和培训的投入是对乡村未来可持续发展的长远投资，能够帮助乡村地区在保持文化特色的同时，加快现代化和市场化的步伐。

第六章　乡村文化产业与乡村经济的协同发展

第一节　乡村文化产业对乡村经济的带动作用

一、经济增长的直接贡献

（一）带动消费需求

乡村文化产业通过多种方式带动乡村地区的消费需求，这一作用是通过文化活动和产品提高消费者的参与度和消费意愿来实现的。文化产业能够创造出独特的文化体验和产品，从而吸引游客和本地居民的兴趣，增加他们在文化活动和相关服务上的消费。文化旅游是乡村文化产业带动消费需求的一个重要方面。通过开发以文化和历史为核心的旅游景点，乡村地区能够吸引大量游客。这些游客不仅会为观光支付门票，还会在当地餐馆、住宿和纪念品店等地方消费，显著提高了乡村的经济活跃度。例如，中国的一些古村落通过恢复传统建筑和举办文化节庆活动，成功地将一个普通村庄转变为热门旅游目的地，从而极大地提高了当地的经济收入。此外，文化活动如节庆、展览和表演等，也是刺激乡村消费的重要方式。这些活动通常需要观众购买门票，同时能促进与活动相关的其他商业活动，如餐饮和商品销售。节庆活动尤其能够在短时间内集中吸引大量人流，带动周边商业的临时繁荣，对当地经济产生即时影响。乡村文化产业的发展还促进了特色产品的创造和销售。这些产品通常包括手工艺品、农产品以及其他与当地文化密切相关的物品。通过销售这些独特的地方特色产品，不仅提高了消费者的购买兴趣，也增加了乡村居民的收入和生活质量。消费者对这些具有地方特色的高质量产品的需求，推动了乡村地区商业模式的创新和多样化。在这一过程中，乡村文化产业的发展受益于新的市场营销策略和电子商务平台的运用，使得乡村文化产品能够触及更广泛的市场。网络销售平台为乡村文化产品打开了全国乃至全球的市场，极大地拓展了消费者群体。这不仅提高了产品的销量，也促进了乡村经济的现代化和全球化。通过这些渠道，乡村文化产业不仅增加了当地的直接经济收入，还活跃了整体消费市场。随着消费者对乡村文化产品和体验的兴趣增加，乡村地区的经济环境得到了改善，这反过来又吸引了更多的投资和发展项目，形成了一个积极的经济循环和发展模式。因此，乡村文化产业在推动地方经济发展、提升乡村吸引力和改善居民生活质量方面扮演着关键角色。

（二）促进土地增值

乡村文化产业的发展不仅直接增加了乡村地区的经济活动，还在不同程度上促进了土地增值。通过发展文化旅游、艺术工作室、手工艺品制作等活动，乡村地区的土地变得更具吸引力和经济价值，这直接关系到土地价值的提升。随着乡村地区文化产业的兴起，这些地区常常成为旅游和休闲目的地，吸引外来游客和投资者的关注。关注的增加不仅提高了土地使用的效率，还增强了乡村地区作为投资目标的吸引力，从而推动了土地价格的上升。当乡村文化产业得到发展，相关基础设施的建设和改善也随之加快。道路、水电设施和网络通信的改善使原本偏远的乡村地区变得更易于访问和居住，这直接提升了这些土地的实用价值和经济价值。例如，良好的交通连接使得农产品更快地运往市场，也便于游客到访，这些都是土地价值提升的直接因素。此外，随着乡村地区文化活动的举办和文化景观的建设，这些地区的生活质量和居住环境得到提升，使得土地对于居住者和投资者而言更具吸引力。得到美化和维护的文化环境，如公园、博物馆、艺术展览等，不仅丰富了乡村的文化生活，也提升了周边土地的景观价值。景观价值的提升是土地增值的重要组成部分，尤其是在观光旅游日益成为乡村经济支柱的今天。随着乡村地区的生态环境保护和文化遗产的保护意识加强，这些因素也成为土地价值提升的重要推手。良好的自然环境和文化遗址本身就是稀缺资源，对游客和居民都具有很强的吸引力。乡村地区通过有效利用这些资源，不仅能够保持生态平衡，还能通过旅游等方式使这些资源产生经济效益，进一步推动土地的增值。因此，乡村文化产业的发展通过多方面作用促进了乡村土地的增值，这不仅改善了乡村的经济条件，还增强了乡村地区的综合吸引力，为乡村的长远发展和繁荣奠定了基础。通过持续的文化投资和合理的土地管理，乡村地区能够实现更高的经济效益和更广泛的社会影响。

（三）拓展出口市场

乡村文化产业的发展对于拓展出口市场具有显著的影响，特别是在全球化背景下，乡村地区的特色产品和文化艺术成为具有竞争力的出口商品。通过有效地利用本土的文化资源，乡村地区不仅能够保持其文化的独特性，还能够创造出新的经济增长点。乡村文化产品如手工艺品、传统艺术、地方特色食品等，因其独特性和文化内涵而在国际市场上具有较高的吸引力。这些产品通常承载着丰富的文化故事和传统技艺，对于追求文化多样性和独特个性的国际消费者极具吸引力。随着全球消费者对原生态和非工业化产品的需求增加，乡村文化产业通过出口这些具有民族和地域特色的产品，为当地创造了重要的外汇收入。此外，乡村文化的国际推广也有助于提升国家品牌的国际形象。文化是一种软实力，通过文化产品的国际交流，不仅能够增加产品的销量，还能增进其他国家和地区对一个国家文化的理解和认同。这种文化上的交流和影响力的扩张，进一步推动了国际市场对乡村文化产品的需求。同时，随着电子商务的发展，乡村文化产业能够通过网络平台更容易接触到国际市场。电商平台为乡村产品提供了一个展示和销售的窗口，使得原本只能在地方小范围销售的产品，可以直接触及全球消费者。这种销售方式大大减少了中间环节，扩大了乡村制造商的利润空间，同时为国外消费者提供了便捷的获取途径。国家和地方政府的支持政策也在推动乡村文化产业出口扩展方面起着关键作用。通过政策扶持，如税收优惠、出口补贴、国际市场推广支持等措施，政府为乡村文化产业的国际化提供了动力和保障。这些政策帮助乡村地区克服了进入国际市场的初期障碍，提升了竞争力。因此，乡村文化产业的国际化不仅拓展了出口市场，还促进了文化的交流与传播，提升了乡村地区的经济水平和国际地位，实现了经济利益与文化传承的双赢。通过持续的创新和市场扩展，乡村文化产业有望在全球市场上占据更为重要的位置。

（四）税收贡献

随着乡村文化产业的发展，从文化旅游到传统手工艺品，再到地方特色农产品的加工和销售，乡村地区的经济活动增加，相应地，其税收贡献也在增长。这些文化活动不仅直接增加了企业和个体经营者的收入，也为地方政府带来了增值税、营业税以及其他形式的税收。此外，随着乡村文化产品出口量的增加，相关的出口税收和企业所得税等也随之提高。这些税收能够为地方政府提供更多的财政收入，用于基础设施建设、公共服务和文化遗产保护等领域，进一步促进乡村地区的持续发展和经济繁荣。乡村文化产业的兴盛不仅提高了当地居民的生活质量，增强了地区文化的吸引力，还通过税收的方式为地方政府提供了实现其他社会经济目标的资金支持。因此，乡村文化产业的发展在推动地区经济发展的同时，也在为乡村地区的公共财政作出贡献，显示了其在现代经济体系中的重要角色。

二、促进就业与创业

（一）就业机会增加

乡村文化产业的发展显著增加了就业机会，尤其是在那些以传统工艺、地方艺术或乡村旅游为核心的地区。这些产业不仅直接创造了工作岗位，例如艺术家、工匠、导游、文化活动的组织者，还促进了相关服务行业的就业，如住宿、餐饮服务、交通和零售业。文化旅游特别是在节日期间，能够吸引大量游客，这就需要更多的服务人员来满足增加的需求，从而在短时间内大幅增加就业机会。此外，乡村地区通过恢复和利用传统工艺，不仅保存了文化遗产，还创造了新的就业机会。例如，手工编织、陶瓷制作、传统绘画等工艺，需要大量技艺传承和创新，这直接为当地居民提供了就业选择。随着消费者对具有地域特色和文化价值的产品需求的增加，这些手工艺品的生产和销售成为乡村经济的重要部分，同时为更多的人提供了工作机会。乡村文化产业的扩展还带动了教育和培训服务的发展。为了支持文化产业的持续发展，许多乡村地区开始提供相关的职业培训，包括艺术创作、文化管理、旅游服务等方面的课程。这不仅增加了教育培训领域的就业机会，也帮助当地居民获得了提高自身技能和就业能力的机会。在一些地区，文化产业的发展还带动了技术和数字服务行业的就业增长。随着在线销售和电子商务的发展，乡村地区的传统产品和文化活动开始通过互联网平台向更广泛的市场推广。这需要专业的技术支持，如网站开发、在线营销、电子支付系统的管理等，相应地，这些技术领域的专业人才需求也在增加。通过这些渠道，乡村文化产业成为推动就业和社会稳定的重要力量。它不仅提供了多样化的就业机会，还帮助乡村地区保持了人口的稳定，避免了因缺乏就业机会而导致的人口外流。乡村文化产业的持续发展有望进一步促进就业市场的多元化和地区经济的全面增长。

（二）创业平台拓展

乡村文化产业的发展为创业提供了广阔的平台，尤其是在促进地方特色文化与创新结合方面表现突出。这些文化创业项目不仅增强了乡村的经济动力，还为更多人提供了创业的机会和空间。文化产业的多样性，包括手工艺、农产品加工、乡村旅游和数字媒体等领域，都成为创业的热点，激发了乡村地区的创新和创业活力。随着消费者对文化和自然产品的需求增加，乡村地区的本土资源和文化遗产成为创业的重要资产。创业者可以依托这些资源开发旅游产品、工艺品、有机食品等，这些产品不仅具有地域特色，还能够满足市场的需求和期待。例如，传统工艺的复兴和创新，不仅保存了文化遗产，也为当地创造了新的商业模式和就业机会。此外，乡村文化产业的创业平台拓展也得益于技术的进步和政策的支持。现代信息技术的应用使得乡村文化产品更容易触达全国乃至全球市场。在线平台和电子商务的利用，为乡村文化产品的销售提供了新的渠道，使得地处偏远的乡村创业者也能参与到全球市场的竞争中。政府和非政府组织的扶持政策，如提供创业培训、财政补贴和市场推广支持，进一步降低了创业的门槛，增加了创业的成功率。乡村文化产业的发展还带动了相关产业的兴起，如文化内容的数字化、乡村旅游的品牌化以及生态农业的市场化。这些产业的发展不仅为创业者提供了多元化的选择，也促进了产业链的延伸和完善。随着这些产业链的形成和发展，更多的创业机会被创造出来，形成了良性的经济循环和社会影响。因此，乡村文化产业通过提供多样的创业平台，不仅推动了经济的发展，还促进了社会的多元化和可持续发展。创业者通过这些平台实现了价值的创造和个人的发展，也为乡村社区带来了活力和希望。这种由文化产业驱动的创业生态，正成为推动乡村振兴和实现地区均衡发展的重要力量。

（三）文化创业生态链培育

乡村文化产业的发展已成为推动乡村经济振兴的重要力量。特别是文化创业生态链的培育，为乡村带来了新的生机与发展动力。文化创业生态链涵盖了文化的创造、生产、传播及其商业化的全过程，是连接文化创意与市场需求的桥梁。通过有效地培育这一生态链，不仅能够促进乡村文化产业的繁荣，还能增强乡村的经济实力和自我发展能力。在乡村文化创业生态链的构建中，地方特色文化的挖掘和创新是核心。乡村地区丰富的文化资源是其独特优势，通过创新转化这些资源，可以开发出符合市场需求的文化产品和服务。例如，将传统工艺与现代设计相结合，创造出既具有传统韵味又符合现代审美的工艺品；或者是通过数字化手段保护和传承非物质文化遗产，同时开发相关的旅游、教育项目。培育文化创业生态链还需构建有效的支持系统。这包括政策支持、资金投入、技术服务等方面。政府可以出台相关政策，为文化创业提供税收优惠、创业指导和市场推广支持。同时，通过设立文化产业发展基金，为乡村文化企业提供必要的启动资金和发展资金。此外，技术服务也非常关键，如提供文化产品的设计、包装、营销等一系列服务，帮助乡村文化创业者提升产品竞争力。此外，文化创业生态链的培育还需要强调社区参与和人才培养。社区居民是乡村文化创业的直接受益者，他们的参与可以让项目更接地气、更具实用性，更好地满足市场和社区的需求。通过组织文化创业培训、工作坊等形式，可以有效提升居民的创业能力和管理能力，激发他们的创业热情。同时，这也有助于留住人才、吸引更多外来人才，为乡村文化创业注入新的活力。在推动乡村文化创业生态链的过程中，还应注意对生态环境的保护。文化产业的发展不应以牺牲生态环境为代价。因此，发展绿色文化产业、实施可持续发展战略显得尤为重要。这包括利用生态友型好材料、采用节能减排技术等方式，确保文化产业发展与环境保护相得益彰。

总之，乡村文化创业生态链的培育是一个系统工程，需要政府、企业、社区以及个人的共同努力。通过综合利用乡村独特的文化资源，构建支持体系，加强社区参与和人才培养，同时注重生态环境保护，乡村文化产业可以成为推动乡村经济持续健康发展的新引擎。

三、提高地区吸引力

（一）文化旅游的推动

乡村文化产业通过文化旅游的推动对乡村经济的带动作用显著，文化旅游成为连接乡村文化与经济发展的重要纽带。乡村地区因其独特的文化遗产、历史传统和自然景观，成为文化旅游的理想地。通过开发文化旅游项目，不仅可以保护和传承地方文化，还能激活乡村经济，为当地居民创造就业机会。文化旅游的推动首先是通过打造具有地方特色的旅游产品。这些产品能够展示乡村的历史文化、民俗风情及自然美景，吸引游客深度体验。例如，传统节庆活动、乡村手工艺展示和体验以及农耕文化的现场体验等，都是独具魅力的文化旅游产品。这些产品不仅增加了乡村的知名度，还提升了游客的参与感和满意度，从而促进了旅游消费和经济增长。有效的市场营销策略是推动文化旅游成功的关键。通过利用现代营销工具如互联网、社交媒体等，可以有效地推广乡村的文化旅游资源，吸引国内外游客。良好的营销策略能够准确地传达乡村文化的独特价值和旅游体验的独特性，吸引更多游客到访。同时，与旅游网站和旅行社合作，开发旅游套餐和促销活动，也是增加游客量的有效手段。文化旅游的推动还依赖于基础设施的完善和服务质量的提升。良好的交通设施是吸引游客的前提条件，因此，改善通往乡村的道路、增设指示牌、优化交通网络等措施是必要的。此外，高质量的住宿、餐饮服务以及导游服务都能极大地提升游客的满意度，使文化旅游体验更加完善。这不仅有助于提高游客的再访率，还能通过口碑效应吸引更多新游客。同时，文化旅游的推动应注重可持续发展，保护乡村的自然环境和文化遗产。通过实施环保措施、限制游客数量以及开发生态友好的旅游活动，可以最大限度地减少对环境的影响。此外，确保旅游收入能够惠及当地社区，通过支持当地手工艺人、小型企业等，可以促进社区的经济发展和文化保护。文化旅游为乡村文化产业带来了新的生机与挑战，其在推动乡村经济发展中的作用不容小觑。通过精心设计的旅游产品、有效的市场营销、完善的基础设施和高标准的服务以及坚持可持续发展的原则，乡村文化旅游将成为促进乡村振兴的重要力量。

（二）地域品牌的打造

乡村文化产业通过地域品牌的打造显著推动乡村经济的发展。地域品牌是一种基于地区特色文化、历史和自然资源构建的品牌形象，它不仅能够提升地区的知名度和美誉度，还能增强消费者对该地区产品的认知和信任，从而促进当地经济增长和社区繁荣。地域品牌的打造始于深入挖掘和准确识别乡村地区的独特文化和资源。这包括传统工艺、特色农产品、历史遗迹以及自然景观等，每一种资源都是地域品牌构建的潜在元素。通过系统地整合这些元素，乡村可以构建一个具有吸引力的品牌故事，这对于塑造品牌形象和提升品牌价值至关重要。在构建地域品牌的过程中，设计和包装是不可或缺的环节。优秀的设计不仅能够吸引消费者的目光，还能传达乡村的文化内涵和生活方式。包装设计应该反映乡村的文化特色和生态理念，这样不仅能够增加产品的市场竞争力，还能提升消费者对地域品牌的情感认同。营销策略在地域品牌的打造过程中起着决定性作用。有效的营销可以帮助地域品牌获得更广泛的受众，增强品牌影响力。利用现代营销工具，如互联网、社交媒体和电子商务平台，乡村地区可以在全国乃至全球范围内推广其地域品牌。同时，通过参与展会、文化节和其他公众活动，地域品牌能够与消费者进行直接交流，增强品牌的互动性和体验性。此外，地域品牌的打造还需依托于地方政府和社区的合作。地方政府可以通过制定支持政策，如税收优惠、财政补贴和技术支持，鼓励和帮助乡村地区打造和推广地域品牌。社区的参与也是成功打造地域品牌的关键，因为社区居民是文化传承的主体，他们的参与可以保证品牌故事的真实性和深度。地域品牌的长期维护和创新同样重要。随着市场环境和消费者需求的变化，地域品牌需要不断地进行创新和调整，以保持品牌的活力和市场竞争力。这可能涉及更新产品线、改进服务或通过科技手段提升品牌体验。

综上所述，通过深入挖掘乡村独特的文化和自然资源，运用专业的设计和包装，实施有效的营销策略，以及地方政府和社区的支持，地域品牌的打造可以极大地促进乡村经济的发展。这不仅提升了乡村的整体形象，还带动了就业，提高了居民的收入，有助于实现乡村振兴和可持续发展。

（三）提升居民生活品质

乡村文化产业在提升居民生活品质方面发挥了重要作用。通过文化产业的发展，乡村地区能够实现经济增长，同时提升居民的社会和文化生活水平。文化产业包括艺术、手工艺、文化旅游、地方特色产品等多个方面，这些产业的发展不仅增加了乡村地区的经济收入，还丰富了居民的文化生活，增强了社区的凝聚力，改善了居民的生活环境，从而提高了整体生活品质。通过发展文化产业，乡村居民可以找到更多的就业机会。例如，当地的手工艺人可以通过售卖传统工艺品增加收入；农民可以通过参与农家乐等旅游活动获得额外的经济收益。这些经济活动不仅增加了居民的收入，还帮助他们从事更有文化价值和社会意义的工作，提升了他们工作的满意度和幸福感。文化产业的发展还带动了基础设施的改善。为了吸引游客和推广文化活动，乡村地区通常会改善交通、通信、卫生等基础设施。改善后的基础设施不仅便利了外来游客，也极大提高了当地居民的生活便利性和质量。此外，文化产业通过提供多样化的文化活动，如节庆、展览、工作坊等，丰富了乡村居民的文化生活。这些活动不仅让居民能够参与到文化创造和传承中，还增强了社区内的交流与合作，加强了社区的文化认同感和归属感。社区成员通过共同参与文化活动，增强了社交联系，提高了生活的幸福感和满足感。文化产业还促进了教育资源的发展。文化丰富的乡村地区能够吸引教育和培训机构投资，提供艺术、手工艺、传统文化等方面的教育。这样的教育机会使得乡村青少年能够在本地接受多元化的教育，同时吸引外地学生和家庭前来参与，带动地方教育水平的整体提升。乡村文化产业的发展还对生态环境保护有着积极影响。许多乡村地区在发展文化产业时注重可持续发展和生态保护，如发展生态旅游、使用环保材料制作手工艺品等。这种发展模式不仅保护了乡村的自然环境，还提升了居民对环境的保护意识，从而改善了居住环境，提高了居民的生活质量。综上所述，乡村文化产业通过增加经济收入、改善基础设施、丰富文化生活、促进教育发展和保护生态环境等多方面的作用，有效地提升了乡村居民的生活品质。这不仅使乡村地区更具吸引力，还促进了社会的整体进步和发展。

四、文化遗产的保护与利用

（一）保护文化遗产

乡村文化产业在保护文化遗产方面扮演着极为关键的角色，这种保护不仅有助于维护乡村的历史和文化身份，还能通过文化遗产的可持续利用推动经济发展。文化遗产包括传统艺术、手工艺、建筑、仪式和节庆等，这些都是乡村文化身份和历史记忆的重要组成部分。通过恰当的保护和利用，这些遗产能够吸引游客和学者，增加文化旅游和教育的机会，从而为乡村地区带来经济效益。保护文化遗产首先需要对其进行系统的调查和记录。通过使用现代技术如 3D 扫描和数字化存档，可以更精确地记录和保存文化遗产，确保即使在原物不复存在的情况下，这些宝贵的文化资料仍能为后人所知。这种记录不仅有助于学术研究，还能增强公众对文化遗产的认知和兴趣。在文化遗产的实际保护过程中，当地社区的参与是不可或缺的。社区居民作为文化遗产的传承者，对这些文化遗产有着深厚的情感和独到的理解。通过培训和教育，提升他们在文化遗产保护中的能力和意识，可以确保保护措施的实施更加符合当地的文化和实际情况。此外，社区的参与还能增加项目的透明度和公众对文化遗产保护工作的支持。文化遗产的活化利用是保护工作的另一重要方面。通过将文化遗产融入现代生活，如开展传统工艺的工作坊、举办文化节庆活动、恢复和利用传统建筑等，不仅能够保持文化遗产的活力，还能为乡村带来新的经济发展机会。活化利用促进了文化旅游，吸引了更多的游客和消费，这直接带动了当地经济的发展。在保护文化遗产的同时，也需要注意文化遗产保护的可持续性。这包括确保经济活动不会损害文化遗产的原有状态，保持生态环境的平衡，并确保社区居民能从中获得持续的经济和社会利益。例如，在开发文化旅游项目时，需要控制游客人数和调整访问方式，避免对文化遗产造成破坏。此外，通过与国内外的文化机构、学术机构合作，可以获取更多的资源和专业知识来支持文化遗产的保护。这种合作不仅能带来资金和技术支持，还能提高保护项目的国际知名度和影响力。

总之，乡村文化产业通过对文化遗产的保护和合理利用，不仅能保护和传承无形和有形的文化资源，还能通过增加旅游、教育和文化体验活动等方式，显著提升乡村经济的活力和居民的生活品质，这对于文化遗产本身及其所在的乡村社区均是一种长远的投资。

（二）传承乡土文化

乡村文化产业在传承乡土文化方面起着至关重要的作用，这不仅保持了地区的文化特色和历史连续性，而且通过文化的传承激发了乡村经济的活力。乡土文化是一个地区的灵魂，包括传统的语言、艺术、习俗、信仰和生活方式，这些文化元素构成了乡村社区的核心价值和独特身份。通过有效的文化传承，乡村不仅能保护这些宝贵的文化遗产，还能将其转化为推动经济发展的重要资源。乡土文化的传承通过多种方式实现，其中之一是通过教育和社区活动。乡村地区可以设立工作坊、培训班和展览，教育年轻一代学习和了解本土艺术、手工艺和传统技能。例如，制陶、织布、传统音乐和舞蹈等，这些技能的学习不仅帮助年轻人连接自己的文化根源，也为他们提供了可能转化为职业机会的技能。此外，节庆活动是乡土文化传承的另一个重要平台。乡村可以通过定期举办传统节日和庆典来庆祝和展示其独特的文化。这些活动通常能够吸引大量的居民和游客，增强社区的凝聚力和身份认同，同时创造经济效益。通过这种方式，文化传统得以保持活力，成为吸引旅游和投资的独特卖点。文化艺术的展示和推广也是传承乡土文化的有效手段。许多乡村地区通过建立博物馆、艺术画廊和展览中心，展示地区的历史和文化艺术成就。这些场所不仅为当地居民提供了深入了解本地文化的机会，也吸引了外地游客，提升了乡村的文化价值和经济潜力。乡土文化的传承还涉及现代媒体的利用。通过电影、电视节目、网络视频和社交媒体，乡村文化能够以更新颖的形式被更广泛地传播和认识。这些平台提供了展示乡土文化的新途径，使得文化传承不再局限于地理和物理空间，而是能够触及全球观众。此外，乡土文化的传承还需要地方政府和社区领导的支持和资源投入。通过政策支持，如文化资金的投入、文化遗产的法律保护和教育项目的支持，可以为文化传承提供必要的资源和保障。社区领导和居民的参与确保了文化传承活动的地道性和有效性，使文化活动更具吸引力和教育意义。

综合来看，乡土文化的传承不仅是对过去的尊重和保存，也是乡村经济发展的一种动力。通过教育、节庆活动、艺术展示、现代媒体利用以及政策和社区支持，乡土文化得以在当代社会中继续发扬光大，同时带动乡村经济的多元化发展，增强乡村社区的吸引力和竞争力。这种文化和经济的双向促进，为乡村振兴提供了坚实的基础。

（三）利用文化资源

乡村文化产业通过有效利用文化资源极大地推动了乡村经济的发展。文化资源是指那些具有历史、艺术或科学价值的非物质和物质资产，包括传统艺术、民俗、语言、古迹、自然景观及各种与文化相关的知识和表达形式。这些资源不仅是乡村文化身份和传统的承载体，也是促进经济增长和社区发展的重要资产。通过挖掘和利用这些独特的文化资源，乡村地区能够创造新的经济活动，吸引投资和游客，增加就业机会，从而提升整体的经济状况和居民的生活水平。文化资源的利用通常涉及将传统文化元素与现代市场需求相结合的创新方法。例如，通过将传统手工艺技术和当代设计相结合，创造出既具有传统特色又符合现代审美的产品，这些产品往往能在国内外市场上获得高度认可和经济价值。此外，传统表演艺术如戏剧、舞蹈和音乐经过适当的包装和推广，可以吸引更多的观众，成为重要的文化产品。乡村地区利用文化资源发展文化旅游是一种常见且有效的经济活动。通过开发以文化遗产为基础的旅游项目，如文化体验游、生态文化游等，不仅保护和传承了当地的文化资源，还促进了当地经济的多元化发展。游客的到来带动了餐饮、住宿、交通和其他相关行业的增长，为当地居民提供了就业机会，增强了经济活力。在利用文化资源的过程中，技术的运用发挥了重要作用。现代信息技术如数字化和网络平台可以有效地用于文化资源的保护、展示和推广。例如，通过建立数字博物馆和在线文化展览，可以使全球观众无须远行即可接触和了解乡村的文化遗产。这种方式不仅扩大了文化传播的范围，也为乡村文化资源的国际化开辟了新途径。此外，合作与合伙是实现文化资源有效利用的另一个关键策略。乡村地区可以与企业、教育机构和非政府组织等建立合作关系，共同开发和推广文化资源。这种跨界合作不仅能带来更多的资源和专业知识，还能增强项目的市场吸引力和社会影响力。政策支持也是促进文化资源利用的重要因素。地方政府可以通过制定有利的政策，为文化产业的发展提供支持。这包括提供财政补贴、税收优惠、技术支持和市场推广帮助等。政策的支持可以降低文化企业的运营成本，激励更多的社会资本投入文化产业，促进文化资源的可持续发展。通过对文化资源的创新利用和有效管理，乡村地区不仅能够保护和传承其文化遗产，还能够通过增加文化旅游、创意产品和国际合作等方式，有效地激活经济潜力，改善社区的经济和社会结构，实现文化和经济的双重繁荣。这种文化资源的利用不仅为乡村地区带来了经济上的直接收益，还增强了其文化自信和社会凝聚力，为乡村振兴战略的实施提供了坚实的文化和经济基础。

（四）提高乡村形象

乡村文化产业在提高乡村形象方面具有显著的作用，这种影响不仅局限于经济层面，更深入文化认同和社区自豪感的提升。文化产业通过展示乡村独特的历史、艺术和自然景观，吸引了外界的关注和赞誉，从而改善了乡村的整体形象。通过这种形象的提升，乡村地区能够吸引更多的游客、投资者和新居民，进而带动经济发展和社会活力。文化产业的多样化表现形式，如地方戏剧、传统节日、艺术展览以及手工艺品，都是展示乡村特色和吸引外部兴趣的重要途径。这些文化活动不仅能让外界看到乡村的传统魅力，还显示了乡村社区在保持传统的同时，也能与现代文化相结合的能力。这种独特的文化融合吸引了对传统文化有兴趣的游客和文化爱好者，增加了乡村的吸引力。此外，文化产业通过创新和创意活动的引入，提升了乡村的现代化形象。例如，通过现代艺术节或音乐会引入新的文化元素，乡村地区可以展示其文化的多样性和包容性。这些活动不仅提升了乡村的文化水平，还帮助塑造了一个开放和创新的乡村形象。乡村通过文化产业的发展，也能够展现其可持续发展的承诺。例如，通过发展生态旅游和推广以环保为核心的手工艺品，乡村地区能够向外界展示其对环境保护的重视。这种绿色形象不仅有助于吸引那些关心环境和可持续生活方式的游客，也有助于增强当地居民的环境意识，促进环境保护的实践。文化产业的影响还体现在提升乡村的品牌价值上。通过有效的品牌策略，将乡村特定的文化资源如地方美食、传统工艺品等与乡村名称相结合，可以创建独特的地区品牌。这种品牌不仅提高了乡村的知名度，还增强了乡村产品的市场竞争力，提升了经济效益。通过这些途径，乡村不仅能够改善外界对其的传统观念，还能展示其现代化和创新的一面。文化产业的活动如艺术节、工艺展和文化旅游等，都直接影响着乡村的形象，使其成为一个具有吸引力的地方，无论是对于游客、投资者还是潜在的新居民。这种通过文化产业提升乡村形象的策略，不仅推动了乡村的经济发展，也提升了居民的生活质量和社区的整体福祉。

第二节　乡村经济的多元化发展与产业融合

一、农旅融合

农旅融合是乡村经济多元化发展中的一种重要模式，它将农业与旅游业结合起来，既能增强农业的附加值，也能提升旅游体验的丰富性和深度。通过农旅融合，乡村地区能够有效利用本地的自然资源和文化资源，创造新的经济增长点，同时为乡村振兴战略的实施提供支撑。农旅融合的核心在于通过旅游业的引入，让农业不再局限于传统的种植和养殖，而是变成一个能够吸引游客、提供休闲体验的综合性产业。例如，开展观光农业、农家乐、乡村民宿等，不仅能够让游客亲身体验农作物种植、收获的乐趣，还能通过参与传统农业活动，如制作手工艺品、参与地方节庆活动等，深入了解当地文化。此外，农旅融合还能带动当地的就业和创业。乡村旅游的发展需要大量的人力资源，包括导游、服务员、管理人员等，这为当地居民提供了工作机会，尤其是对于农闲期间的农民。同时，得益于旅游业的带动，当地的餐饮、住宿、交通等相关产业也会得到发展，进一步增加农民的收入，改善其生活水平。农旅融合还具有环保的特点。传统农业在追求产量和效益的过程中可能会导致过度使用化肥、农药等，而农旅融合则倡导生态农业，强调在保护环境的前提下进行农业生产。生态旅游的推广有助于提升游客的环保意识，促使他们参与到生态保护和可持续发展的实践中来。然而，农旅融合也面临一些挑战。例如，如何保持农业生产的可持续性，防止因旅游开发过度而破坏原有的农业生态；如何加强农村地区的基础设施建设，满足旅游业发展的需求等。这些问题的解决需要政府、企业和社区的共同努力，通过科学规划和合理管理，使农旅融合真正成为推动乡村经济发展和社会进步的有效途径。总体来说，农旅融合作为一种创新的经济发展模式，不仅有助于推动乡村经济的多元化发展，还能促进城乡融合、增强农村地区的吸引力。通过实施农旅融合战略，可以有效地利用乡村地区的自然资源和文化遗产，为乡村振兴开辟新的路径，也为城市居民提供了一个返璞归真、体验乡村生活的平台，形成了城乡互利共赢的局面。

二、农业与农村电商融合

农业与农村电商融合是乡村经济多元化发展的一个重要方向，通过将传统农业与现代电子商务技术相结合，既可以扩大农产品的市场范围，也可以提高农产品的销售效率和利润。这种融合不仅有助于提升农业的现代化水平，还能促进乡村经济的整体发展。农村电商的兴起为农产品销售提供了新的渠道。通过电商平台，农民可以直接将自己种植的农产品销售给全国乃至全球的消费者，这不仅减少了中间环节，降低了交易成本，还能提高农产品的销售价格。例如，一些地方特色的农产品通过电商平台进行推广后，不仅销量大增，而且还能形成品牌效应，增加消费者的认可度。电商平台还能带动相关的物流、包装、广告等产业的发展。随着农产品销售的增加，对快递物流的需求也随之增长，这促进了农村地区物流基础设施的改善和升级。同时，农产品的包装和广告宣传也成为重要的环节，这不仅有助于提高产品的市场竞争力，还能为设计、广告等行业创造就业机会。此外，农业与电商的融合还促进了农业生产方式的转型。为了满足电商销售的需要，农民开始采用更为科学的种植技术和管理方法，提高农产品的质量和产量。同时，电商数据的反馈也可以帮助农民了解市场需求，调整种植结构和生产策略，从而更有效地应对市场变化。农村电商的发展还有助于改善农村地区的信息不对称问题。通过互联网，农民可以实时了解农产品的市场价格、消费趋势等信息，这有助于他们作出更合理的生产和销售决策。此外，电商平台还可以提供在线培训课程，帮助农民掌握更多的农业知识和电商操作技能，提高他们的综合竞争力。然而，农业与农村电商的融合也面临一些挑战。例如，农村地区的互联网基础设施尚不完善，这限制了电商的普及和应用；农民的电商知识和技能还需进一步提升；农产品的质量控制和售后服务也是电商成功的关键因素。农业与农村电商融合为乡村经济的多元化发展开辟了新的路径。通过这种融合，可以有效地将农业生产与现代电商市场相结合，不仅提高了农产品的销售效率和收益，也促进了乡村经济的整体发展。随着技术的进步和政策的支持，农业与农村电商融合将展现出更大的发展潜力。

三、文化产业与旅游业融合

文化产业与旅游业融合是乡村经济多元化发展中的一项重要策略，这种融合不仅能够促进文化的保存与传播，还能显著提升旅游的吸引力和经济效益。通过有效结合文化元素与旅游活动，乡村地区可以更好地展示自身独特的文化魅力，吸引更多的游客，同时为当地居民创造更多就业和增收机会。文化产业包括传统手工艺、民间艺术、地方戏剧、历史遗迹等，这些文化资源如果能与旅游业有效结合，将极大地丰富旅游产品和体验。例如，开发以特定文化主题为核心的旅游线路，如陶瓷工艺之旅、民族服饰体验游等，不仅能让游客在旅游中体验到深厚的文化底蕴，也推动了当地文化产品的销售。此外，文化活动如节庆、展览、工作坊等也可以成为吸引游客的重要内容。通过举办地方特色的文化节庆活动，可以有效吸引外来游客，增强游客的参与感和体验感。这种类型的活动不仅能够提升游客的满意度和回访率，还能通过门票、纪念品销售等方式增加经济收益。乡村地区通过发展文化产业与旅游业融合，还可以有效地解决农村地区的季节性就业问题。文化旅游通常具有一定的季节性高峰，这有助于平衡因农业生产季节性强而导致的就业不均。同时，文化和旅游产业的结合也促进了服务业和相关产业的发展，如住宿、餐饮、交通等，这些产业的发展进一步增强了乡村经济的稳定性和抗风险能力。文化产业与旅游业融合还促进了地方品牌的建立。通过打造以文化为主题的旅游品牌，可以有效提升一个地区的知名度和影响力，吸引更多的国内外游客。随着品牌影响力的提升，地方文化的价值得到更好的认可，这对文化的保护与传承也是一种积极的推动。然而，实现文化产业与旅游业的有效融合，也需要注意保护和合理利用文化资源。过度商业化可能会导致文化本身的价值被稀释，因此在发展过程中需要兼顾文化的真实性和商业的合理性。同时，加强对文化遗产的保护，确保在旅游开发过程中不破坏文化的原貌，是实现可持续发展的关键。文化产业与旅游业融合为乡村经济多元化发展提供了新的增长点。这种融合不仅能够促进经济的增长，还能增强文化的活力，提升社会的整体福祉。通过持续的创新和合理的规划，文化与旅游的融合将在推动乡村振兴和经济可持续发展中扮演越来越重要的角色。

四、农业与科技融合

农业与科技融合是推动乡村经济多元化发展的关键途径，通过应用现代科技手段改造传统农业，不仅可以提高农业生产的效率和质量，还能帮助农业适应市场需求和环境变化，从而增强农业的竞争力和可持续性。这种融合涵盖了从种植、养殖到农产品加工和销售的各个环节，包括精准农业、智能化设备、生物技术、信息技术等多种科技应用。精准农业利用 GPS 和 GIS 技术对农田进行精确管理，能够根据土壤和作物的实际情况精确施肥、灌溉和收割。这种方法不仅提高了资源的利用效率，还有助于保护环境，减少化肥和农药的使用量，从而提升农产品的质量和生态友好型。智能化农业机械如无人驾驶拖拉机、自动喷药机等则通过自动化技术减轻了农民的劳动强度，提高了农业生产的效率和精度。生物技术在农业与科技融合中也扮演着重要角色，通过基因编辑、疾病防控等技术提高作物的抗病虫害能力和适应不同环境的能力，同时能改良作物的品质，如提高营养价值、改善口感等。此外，微生物肥料和生物农药的使用，不仅能有效提升土壤的肥力，促进作物的生长，还能减少化学物质的使用，对环境很友好。信息技术的应用使得农业生产更加智能化和网络化。通过农业物联网技术，农民可以远程监控农田环境和作物生长状况，实时获取数据，及时调整管理措施。农业大数据则通过分析历史和实时数据，帮助农民作出更科学的种植决策，比如选择最佳种植时间和作物品种。电子商务平台的应用还使得农产品能直接在网上销售给消费者，缩短了供应链，增加了农民的收益。尽管农业与科技融合带来了诸多优势，但也面临一些挑战。如科技应用的成本问题，尤其是在经济较为落后的乡村地区，高昂的技术设备和运营成本可能成为限制其普及的因素。此外，农民对于高新技术的接受度和操作技能也是推广过程中需要关注的问题。因此，政府和相关机构需要提供相应的政策支持和技术培训，以促进科技在农业中的广泛应用。农业与科技的深度融合是实现农业现代化和乡村经济可持续发展的关键。随着科技的不断进步和创新，未来农业将更加智能化、精准化和生态化，不仅能够提高农业生产的效率和产量，还能提升农业的环境友好度和社会经济效益，为乡村振兴和农业现代化提供坚实的技术支撑。

五、产业链延伸与配套服务融合

产业链延伸与配套服务融合是乡村经济多元化发展的关键策略之一，这种融合有助于增加产业的附加值，提升整个产业链的竞争力，同时为乡村地区带来更多就业机会和经济收益。通过延伸产业链，可以将原本单一的农产品向上游或下游延伸，形成完整的产业链条，而配套服务的融合则能为产业链的各个环节提供必要的支持，如物流、金融、技术、市场推广等服务。在产业链延伸方面，乡村地区可以通过加工原始农产品来提高其价值。例如，将新鲜水果加工成果汁、果酱或干果；将谷物加工成各种精细化食品；将牛奶加工成奶酪和酸奶。这些加工活动不仅能显著提高原料的经济价值，还能满足市场对高附加值产品的需求。通过建立农产品加工厂，不仅可以创造更多的就业机会，还能促进当地经济的发展和农民收入的增加。配套服务的融合则是确保产业链顺畅运行的重要因素。例如，物流服务能有效解决农产品从田间到餐桌的运输问题，特别是对于易腐烂的农产品，快速高效的物流系统可以减少运输途中的损耗，保证产品的新鲜度和质量。金融服务如贷款、保险等也对农业生产至关重要，它们可以为农民提供种植和扩张所需的资金支持，减轻因自然灾害或市场波动带来的经济风险。技术服务是提升农业产业链竞争力的另一关键环节。通过引入先进的农业技术和设备，农民可以提高农作物的产量和质量，减少生产成本，增强市场竞争力。此外，市场推广和品牌建设也是不可或缺的配套服务，它们可以帮助农产品打开市场，建立良好的品牌形象，吸引更多消费者的关注和购买。此外，环保和可持续发展的服务也越来越受到重视。随着消费者对环保和健康问题关注的增加，采用环保的生产方法和可持续的资源利用策略，不仅能满足市场需求，还能提升企业的社会责任感和品牌价值。然而，要实现产业链延伸与配套服务的有效融合，乡村地区面临诸多挑战，如资金投入大、技术更新快、市场变化多端等。因此，政府的支持和政策引导非常关键，需要通过提供财政补贴、税收优惠、技术培训等措施，激励和支持乡村地区进行产业升级和服务创新。产业链延伸与配套服务融合为乡村经济的多元化发展提供了强大动力。通过优化和升级农业产业链，不仅可以提升产品的附加值，还能促进乡村经济的整体发展，增强农业的市场竞争力，为乡村振兴和农业现代化贡献重要的力量。

六、教育与科技融合

教育与科技融合是乡村经济多元化发展中极为重要的一环，它通过将现代科技应用于教育实践，不仅能够提升教育质量，还能为乡村地区的经济发展注入新的活力。这种融合可以通过远程教育、数字学习资源、教育软件和平台等方式实现，使乡村学生和教师能够突破地理限制，接触到更广泛的知识和教育资源。远程教育是教育与科技融合的一个明显例子，通过互联网连接乡村地区的学校与城市及全球的教育资源。这使得乡村学生可以通过在线课程学习语言、科学、数学等多门学科，而不受本地教育资源匮乏的限制。此外，视频会议技术的应用还可以帮助乡村学生参与在线研讨会、交流会等，与更广泛的学习群体进行互动。数字学习资源如电子书籍、在线教育视频和教育软件的普及，为乡村学生提供了丰富多样的学习材料。这些资源通常具有较好的可访问性和互动性，能够根据学生的学习进度和兴趣进行个性化的教学。这种自主学习的方式不仅提高了学习效率，还激发了学生的学习兴趣。教育软件和平台则通过集成智能教学系统、在线测试和学习管理系统等功能，帮助教师更有效地管理教学活动和跟踪学生的学习进展。这些平台的数据分析功能还可以为教师提供科学的教学反馈和建议，帮助他们改进教学方法和策略。此外，科技在教育中的应用还体现在教室硬件设施的现代化改善上，如智能黑板、学生个人电脑和科学实验设备的普及。这些现代化设备极大地丰富了教学手段和内容，使得教学活动更加直观和有效。然而，教育与科技融合也面临一些挑战，尤其是在乡村地区，如网络基础设施不足、教师和学生的科技应用能力较低等问题。为了克服这些障碍，需要政府和社会各界提供更多的投入和支持，比如建设更完善的网络基础设施，提供教师培训和技术支持，确保教育科技工具的有效利用。

七、文化与创意产业融合

文化与创意产业融合是乡村经济多元化发展中的重要策略，它通过结合乡村地区的文化资源和创新创意，不仅可以保护和传承文化，还能带动经济发展，提升地区品牌价值。这种融合涉及各种形式，包括手工艺品制作、乡村旅游、文化节庆活动、文化主题乡村、数字文化产品等，通过这些多样化的方式，乡村地区能够创造新的经济增长点，同时增强社区的凝聚力和文化自信。手工艺品制作是文化与创意产业融合的经典形式，许多乡村地区拥有独特的传统工艺，如编织、陶瓷、木工、金属工艺等。将这些传统工艺与现代设计理念结合，不仅可以生产出符合现代消费者审美和功能需求的产品，还能为传统工艺带来新的生命力。通过建立工艺品品牌，利用电商平台销售，乡村工艺品可以远销国内外，成为乡村经济的重要支柱。乡村旅游是另一个文化与创意产业融合的重要领域。通过打造以文化体验为核心的旅游产品，比如农家乐、文化体验工作坊、历史遗址游等，旅游业不仅能吸引更多的游客，还能直接提升当地的经济。文化节庆活动如传统节日庆典、音乐节、美食节等，也可以成为吸引游客的重要活动，同时增强乡村的文化氛围和社区活力。发展文化主题乡村是将整个乡村打造成特定文化主题的一种尝试，如诗歌村、画家村等，这不仅提升了乡村的文化品位，还能吸引特定群体的游客和文化爱好者，增加当地经济收入。此外，通过举办文化艺术培训班，不仅可以传承文化，还能吸引外来人口，活跃乡村社会氛围。数字文化产品是文化与创意产业融合的新兴领域，包括数字化传统艺术、在线文化展览、虚拟现实（VR）体验等。这些产品通过现代科技手段，使得乡村文化能够以更加便捷和创新的方式呈现给全球观众，扩大了文化的传播范围和影响力。尽管文化与创意产业融合为乡村地区带来了许多机遇，但也面临一些挑战，如资金投入大、专业人才缺乏、市场推广困难等。因此，需要政府和社会各界的支持，提供必要的政策扶持、资金支援和培训项目，以促进文化与创意产业的健康发展。

第三节　乡村文化产业与乡村社会文明进步的关系

一、文化产业的推动作用

乡村文化产业对乡村社会文明进步的推动作用显著，体现在多个层面。文化产业作为乡村经济的重要组成部分，不仅为乡村带来了新的经济发展活力，而且极大地丰富了乡村的文化生活，促进了传统文化的保护与传承。乡村文化产业涵盖的领域十分广泛，如手工艺品制作、农业旅游、地方戏剧、民间艺术等，这些产业以其独特的地域文化特色吸引着游客，提高了乡村的知名度和吸引力。通过文化产业的发展，乡村能够实现经济效益和社会效益的双重提升，经济效益表现在直接增加了村民的收入和就业机会，社会效益则体现在增强了居民的文化自信和自我认同感。文化产业的推广有助于传统文化技能的保护和传承。在许多乡村地区，传统手工艺如编织、陶艺、刺绣等是村民的重要收入来源之一。随着文化产业的推广和市场需求的增加，这些技能得到了更好的保护，并有机会传授给更多的年轻人，这不仅保存了文化遗产，还活化了这些传统技能的现代应用。此外，文化产业的发展带动了乡村教育和文化设施的改善，许多乡村通过发展文化产业，建立了文化馆、图书馆和艺术展览室，这些设施成为村民学习和交流的场所，提高了村民的文化素质和生活质量。在推动社会文明方面，文化产业的发展促进了乡村社会的和谐与进步。文化活动如乡村节庆、民俗展示等，增加了村民之间的互动，加强了社区的凝聚力。通过共同参与这些文化活动，村民之间的关系更加紧密，社区的向心力和归属感得到增强。同时，乡村文化产业的发展还吸引了外来投资和政策支持，这些外部力量的介入，为乡村的基础设施建设和公共服务的提升提供了资金和技术支持，推动了乡村整体社会文明水平的提升。文化产业还改变了乡村的发展模式和村民的思维方式。传统上，许多乡村将农业作为主要经济来源，经济结构较为单一。文化产业的引入为乡村带来了新的经济增长点，改变了村民对传统农业的过度依赖，促使他们开始探索多元化的发展路径。这种变化不仅促进了经济的多样化发展，也激发了村民的创新精神和企业精神以及对未来的期待和对新生活的努力奋斗。总体来看，乡村文化产业的发展在推动乡村经济发展的同时，更为重要的是其在促进社会文明进步方面的作用。通过保护和传承文化，提升社区凝聚力和社会和谐，以及改变经济发展模式和提升村民思维方式，乡村文化产业成为乡村社会文明进步的重要推动力量。这种进步不仅体现在经济增长上，更重要的是对生活质量的提升和社会文明程度的提高。

二、社会文明的促进

乡村文化产业对社会文明的促进是多方面的，它不仅改变了乡村的经济结构，更重要的是提升了乡村的文化水平，优化了社会治理效能。文化产业的发展带动了乡村传统文化的复兴，例如通过地方戏剧、民族音乐和传统节庆的组织，增强了村民对属地文化根源的认同感和自豪感，这些文化活动不仅吸引了游客，也让乡村居民更加重视和珍视自己的文化遗产。文化的传承对于提升社会文明至关重要，它帮助新一代青年理解和尊重过去，同时促进了代际间的交流和理解。乡村文化产业的兴盛也改变了乡村的社会结构和居民的生活方式，提供了更多的就业和创业机会，尤其是对于妇女和老年人，这些变化直接提高了他们的社会地位和经济独立性。通过参与文化产业，比如手工艺品制作、农产品加工等，不仅提高了居民的收入，也使他们能够更好地利用本地资源，减少了对传统农业的依赖。这种经济活动的多样化直接促进了乡村的经济发展和社会稳定，也为乡村社会带来了更多的自我发展和改善生活的机会。此外，乡村文化产业的发展提升了乡村的教育水平和公共服务质量。通过举办各种文化活动和建立文化教育设施，如图书馆、文化中心等，乡村居民特别是青少年的文化素养和教育水平得到了显著提升。这种教育和文化上的投资不仅增加了乡村居民的知识和技能，还培养了他们的创新意识和批判性思维能力，这对于社会文明的进步至关重要。教育的普及和提高直接关系到乡村社会的长远发展和年轻一代的成长环境。乡村文化产业还促进了社会公平和包容性的增强。文化产业提供的机会使得社会各阶层尤其是边缘群体能够获得展示自己才能和改善生活的平台，这些活动通过文化的方式减少了社会的隔阂和偏见，增强了不同社会群体之间的理解和尊重。文化的多样性和包容性是乡村社会文明进步的重要标志，它展示了一个社会对于不同文化和生活方式的接纳程度。最后，乡村文化产业通过提升环境意识和可持续发展能力，提高了乡村社会的文明程度。文化产业常常与生态保护和环境友好相结合，如生态旅游和可持续农业，这不仅有助于保护乡村的自然资源，也提高了居民对环境保护的认识和参与度。这种对环境的尊重和保护是社会文明的重要体现，它促进了乡村居民对可持续生活方式的认同和实践，有助于构建更加和谐与可持续的未来。通过上述各方面的分析，可以看到乡村文化产业在促进乡村社会文明进步中发挥了关键的作用。这种进步不仅仅表现在经济和文化层面，更深层次地影响了社会结构、教育质量、社会公平以及环境保护，共同推动了乡村社会向更加文明和进步的方向发展。

三、环境与生态的改善

乡村文化产业在推动社会文明进步的同时，对环境与生态的改善也起到了至关重要的作用。通过发展以环境保护和可持续理念为基础的文化产业，如生态旅游、有机农业和传统手工艺，乡村地区能够在经济发展的同时保护其自然资源和生态环境。生态旅游强调在不破坏自然环境的前提下，通过游客的参与和教育来增强他们对生态保护的意识。这种类型的旅游活动不仅提高了游客对生态重要性的理解，还促进了当地居民对自然环境的珍视，因为他们开始意识到环境资源的可持续管理对于吸引游客和维持旅游业的重要性。有机农业的推广则直接减少了化学肥料和农药的使用，有助于维护土壤的健康和水质，这些做法不仅改善了当地的生态环境，也提升了农产品的质量和市场价值。此外，传统手工艺的复兴也对环境保护产生了积极影响，许多手工艺品的制作依赖于可持续的自然材料和生产方法，如利用天然染料和本地材料，这些活动鼓励了对传统知识和自然资源的尊重与保护。乡村文化产业还通过其教育和宣传功能，提升了社区成员对环保问题的认识。许多文化活动包括环境教育工作坊、研讨会和展览，不仅传播了关于环境保护的知识，还激发了社区成员参与实际行动的兴趣和责任感。通过这种方式，乡村居民开始采取更多生态友好的行为，如进行垃圾分类、节水节能和野生动植物保护等。环境意识的增强也促使地方政府和企业投资于更加环保的基础设施和技术，如污水处理设施和清洁能源的使用，这些改进不仅减轻了对环境造成的负担，还提高了整个社区的生活质量。通过以上种种方式，乡村文化产业显著推动了环境与生态的改善。这种改善不仅表现在自然环境的直接保护上，还反映在公众环保意识的提升和行为习惯的改变上，共同构建了一个更加绿色和可持续的乡村发展模式。这种模式不仅保证了乡村地区的生态安全，也为今后乡村社会的可持续发展奠定了坚实的基础。

四、外部影响与内部发展的平衡

乡村文化产业的发展与乡村社会文明的进步密切相关，特别是在外部影响与内部发展的平衡方面表现得尤为明显。外部影响通常指的是政策支持、市场需求、技术进步等因素，而内部发展则涉及乡村自身的文化资源开发、创新能力及社区参与等。外部影响在推动乡村文化产业发展中起着至关重要的作用。政府的政策扶持可以为乡村文化产业提供必要的资金和资源支持，使一些原本因资金不足而难以启动的项目得以实施。例如，文化旅游项目、传统手工艺品的复兴等。此外，随着全球化和市场经济的发展，外部市场的需求也促使乡村文化产业向更广阔的市场拓展，这不仅有助于文化产品的销售，也促进了文化的交流与传播。技术进步，尤其是信息技术的发展，也极大地推动了乡村文化产业的创新和发展。互联网和移动通信技术的普及使得乡村地区能够突破地理限制，将本土文化通过网络平台推广到全国乃至全球，有效扩大了文化产品的影响力和市场范围。这种技术的应用不仅提升了文化产品的可达性，也为乡村文化的保护和创新提供了新的途径。然而，外部影响虽然为乡村文化产业带来了发展机遇，但也存在使乡村文化产业过度依赖外部资源，忽视内部发展的风险。因此，平衡外部影响与内部发展成为乡村文化产业可持续发展的关键。内部发展主要依赖于乡村自身的文化资源和社区参与。每个乡村都有其独特的文化资源，如传统艺术、手工艺、民间故事等，这些都是文化产业发展的基础。乡村社区的居民对本土文化的理解和认同，是开发和保护文化资源的主体。通过激发社区居民的参与意识和创造力，可以有效地开发出符合当地文化特色的产品，增强文化产业的内生动力和竞争力。此外，内部发展还需注重培育本地的文化创新能力。这包括提高当地居民的文化和技术教育水平，引导和支持乡村青年学习并掌握新技能，促进新旧知识的结合，创造出既有传统特色又符合现代审美的文化产品。通过这种方式，乡村文化产业不仅能保持其文化的原生态，也能适应市场的变化，实现可持续发展。

综上所述，外部影响与内部发展在乡村文化产业中必须达到平衡。外部的政策、市场和技术可以为乡村文化产业提供发展的机会和条件，内部的资源开发、社区参与和创新能力的培养则是确保其可持续发展的关键。只有通过内外因素的有效结合，乡村文化产业才能在促进社会文明进步的同时，维持其文化的独特性和生命力。

第七章　乡村文化产业与乡村振兴的实践案例

第一节　典型乡村文化产业发展案例分析

本书以获得中共中央宣传部、中央网信办、农业农村部、共青团中央等多个中央部委荣誉的乡村振兴示范性文化产业项目“大话熹游”为案例，重点剖析大话熹游两岸团队打造的福建省南平市政和县新康村的文化产业发展模式。张振鹏在《“文化创意+”农业融合发展》一书中将乡村产业振兴概括为八种模式，具体内容有乡村文化传统型、乡村休闲旅游型、乡村特色农业型、乡村生态资源型、城郊集约型、高效农业型、农产品会展型和农产品电商型①。通过调研分析，笔者发现新康村具有前四种乡村产业发展模式的特征，即利用乡村传统文化+红色文化，以乡村自然资源为基础，通过“新康小红军”卡通IP的打造，形成乡村农文旅的强识别体系，进而挖掘乡村特色农文旅体验业态，形成IP导流，文旅融合的系统发展模式。新产业组织理论提出，产业主体不再是被动应对外部条件，而是通过战略行动来调整产业结构与市场环境，并将其内外多种复杂关系进行整合，进而确定了产业组织的类型与体系结构。对于农村文化产业，张振鹏将其定义为：一种以创新方式，将乡村文化资源、农产品、社会资本、农业生产、文化艺术等活动进行整合和发展，并与市场需求相互作用，从而形成一种与乡村经济社会特点相适应的新的产业组织结构形式②。通过对新康村乡村文化产业的案例分析，本书认为新康村的乡村文化产业也是沿着相似的发展历程而发展起来的，具有很强的个性和特点。简单地对新康村乡村文化产业进行总结，其大概呈

① 张振鹏. 乡村产业振兴的业态类型及其发展路径[J]. 山东干部函授大学学报(理论学习),2020(4):26-32.

② 张振鹏. 我国农村文化创意产业发展初探[J]. 华东经济管理,2013,27(2):62-67.

现出“一核多元”的组织模式，如图 7–1 所示。

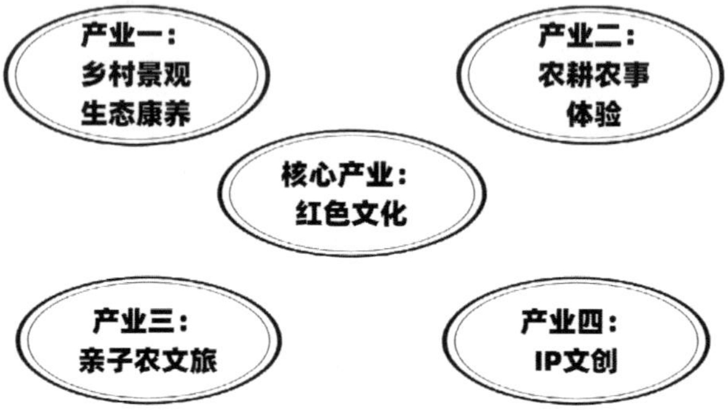

图 7-1 新康村“一核多元”文化产业发展组织模式

如图 7–1 所示，核心产业是乡村产业发展中的原点，通常是区域内具有核心优势地位的产业，即以中共寿政庆中心为基础的“红色文化”。其中红色文化是新康村具有核心优势的传统文化，也是新康村文化产业发展的核心优势，其他多元产业多围绕或源自对核心文化发展而来。在新康村，围绕“红色文化”主要兴建了中共寿政庆中心纪念馆、新康村村史馆、祭祀牌楼、文化广场、红军巷等，新康村利用这一核心文化引入项目资金，保障了村庄的基础设施建设，完善的村容村貌为其他产业的发展打下了工作基础。

“一核多元”中的多元指的是围绕核心产业形成的延伸产业，呈扇形铺开。产业一便是以高山区“18℃的夏天”为基础，以高山好茶为承载，以山水田林等自然资源为依托的乡村景观、生态康养。新康村依托这一资源优势，“借力”近些年南方夏季天气愈加炎热的现实，积极吸引周边地区游客前来避暑、品茶，使曾经地处偏远的“高山区”劣势转变为重要的发展优势。产业二则是以农耕农事体验为核心的乡村农旅体验业态。乡村农旅是近些年兴起的一种以农业和旅游业相融合的潮流体验，新康村通过多年发展形成了千亩茶园、百亩高山土豆及水果采摘业态，同时以山林徒步、水田捞捕、萌宠饲养等为承载，以旅游、养生、消费为导向，形成了一种“农业强、农村美、农民富”的良性农旅经营模式。产业三是以亲子人群为主要目标群体的农文旅体验业态，它是在农耕农事体验的基础上，以亲子互动、强健体魄及情感交融为体验目标的业态项目，通过对目标群体“亲子群体”的明确，将传统农耕农事体验内容进行升级调整，使得体验内容更具有互动性、参与性、情感性和娱乐性，顺应城市人群亲子互动消遣的需求，开辟出一条新的农旅赛道。产业四是以 IP 文创为核心的 IP 产业，它以新康村的“红色文化”为依托，一方面，打造“新康小红军”卡通 IP，并全面融入村域文旅标识、民宿餐厅、农特产品及特色体验活动中，强化乡村识别和宣传认知；另一方面，形成包括 IP 化农特产品、文旅纪念产品、活动配套产品等体系化的 IP 产品，填补了新康村农文旅体验的产品及业态的空白，并通过 IP 赋能，让传统农特产品实现增值。

总体而言，新康村乡村文化产业“一核多元”系统在运行过程中相互依存，相互渗透，共同成长。对于任何一个经济系统而言，重要的是形成一种使经济系统长期稳定运行的作用机制。在新康村，“红色文化”就是乡村文化产业持续运行的内核驱动力，多元的相关文化产业是新康村文化产业发展的燃料，给传统的、功能单一的乡村文化带来了价值增值。原生态的乡村文化资源通过产业运营，甚至变成了现代时尚符号。各个行业跨界整合，为传统行业注入了新的要素和新的功能，将更多的产业主体引入了文化产业的组织体系中，从而逐渐地形成了一条完善的、持续延伸的产业链，将乡村文化产业扩展到了更广泛的经济和社会领域中。

第二节　优化路径：基于系统思维的乡村文化产业发展道路

一、明确价值指引，实现乡村文化产业可持续发展

乡村振兴有赖于乡村文化的支持与保证，目前，众多乡村文化的开发与利用还面临诸多问题与挑战，因此，必须树立科学的发展理念，坚持因地制宜、以人为本、可持续发展的原则，对乡村文化进行及时、有效的保护与传

承，使“精神家园”“乡愁”永存，从而推动乡村振兴。

第一，要树立“不断进取”的价值取向。参考新康村案例，传统及特色文化应当得到较好的保护与传承，提高其文化品位与内涵，做到一村一品、一村一景、一村一风韵，不“照本宣科”。在重视特色建设的同时，也要注意到当地的自然生态环境和人文历史资源，将它们有机地结合在一起，形成自然资源、生态环境、文化资源、社会、经济等协调统一发展的良好局面，打造出文化内涵丰富的秀美乡村，推动乡村振兴的持续发展。第二，以可持续发展为价值导向。在保护与利用乡村文化资源时，应把握好内在美与外在美，拆旧与重建，保护与发展之间的关系，避免因经济利益而急功近利。第三，乡村文化的保护和发展，是一个长期的过程，必须持续投入巨大的人力、物力和财力，以防止过度的、破坏性的发展，从而导致不可挽回的损失。

二、落实人才保障，夯实乡村文化产业创新能力

人才是乡村文化产业发展的最主要的核心因素，也是其发展的主要驱动力。它是文化产业高效发展的主要载体，也是乡村文化产业创新发展的主要推动力。加强乡村文化产业的人才队伍建设，要为乡村文化产业的发展打下坚实的人才基础，为乡村文化产业的创新提供创意来源。许多乡村因为所处地区交通的限制以及经济基础条件的束缚，想要依靠自己的产业来吸引及留住人才，阻力较大。在今后的乡村文化产业发展过程中，应从乡村文化产业发展的特征出发，结合乡村文化产业发展的实际情况，做好乡村文化产业人才培养工作。第一，要从各个方面加强对文化行业的人才挖掘和培养。一是加大对地方文化人才的挖掘培养，在自己的村庄中，选拔出乡村文化爱好者、民间艺人、文化能人等，加强标准化的管理，提高专业的培训水平，为他们提供物质、资金和技术上的保障。二是扩大人才引进的渠道，近几年，中央在多个省份的农村地区尝试了很多的措施，比如大学生村官、“三支一扶”、选调生和乡建乡创等，乡镇及乡村应立足于自身的发展现状，按照相关的政策，做好乡村文化产业人才的吸引工作，为其发展提供良好的环境，让其既能吸引到，又能留住，为乡村文化产业的发展作出自己的贡献，丰富乡村文

化产业人力资源的储备。第二，加强文化教育，发掘高素质的专业人才。随着社会的发展，对农民群体提出了更高的技术要求，尤其是发展乡村文化产业和乡村旅游业这类具有一定技术难度的工作，需要具有一定的营销意识和服务意识，这对村庄经营主体的综合素质提出了更高的要求。这就需要政府对村民和村干部进行更多的技术指导和专业知识的培训，以提高他们的知识技能、文化素质、移风易俗、法治观念、农业技术等方面的素质，并采取实地培训、网上教育等方式，对自愿加入的农民进行专门的技术人员培养，并将其发掘出来，充分利用这些知识，为乡村文化产业的发展注入一股强大的活力。第三，以产、学、研相结合的方式来培养人才。以新康村为例，虽然地处福建省北部的大山深处，但不妨碍其有效对接到包括同济大学、福建师范大学、福建农林大学、福建省农业科学院等知名院校，这些高校都能够找到与新康村发展相匹配的人才和专业资源。以福建师范大学为例，它在文化创意、旅游管理、新闻传播、计算机等方面具有丰富的人才资源。在发展乡村文化产业的时候，若能积极主动地争取高校资源，加强与大学的合作，积极建立产学研创新平台、培训基地、实地调研点，建立大学与村庄之间的沟通机制，把大学和其他各方面的优势资源有机地结合起来，都能够为乡村发展提供强大的助力。

三、加强品牌建设，提高乡村文化产业造血能力

随着经济的不断发展以及消费方式的不断升级，乡村旅游越来越多地成为城镇居民进行短期旅游的热门选择，乡村文化旅游的发展呈现出了井喷的趋势。然而，尽管乡村旅游产业发展迅速，但发展模式却有很大的相似之处，草莓采摘、柑橘采摘、苹果采摘等是诸多地区乡村旅游产业发展的主要模式。新康村充分利用了当地的自然风光、民风民俗等特点，并融入“红色文化”，将文化、产业、品牌等进行了深度融合，以“亲子”“康养”“休闲”“研学”“教育”等为核心，打造出具有独特魅力的文化旅游产品和精品旅游线路。最终，从根本上解决乡村文化产业“造血”的问题，从而形成“文化品牌—城乡旅游者—乡村旅游—文化产业—文化品牌”的良性循环，促进乡村文化

产业可持续发展。以此为鉴：

第一，结合特点，做好乡村文化旅游品牌建设。新康村利用红色文化和“亲子群体”打造了独具特色的“新康农文旅”品牌，“新康小红军”活泼可爱的IP形象深入人心，“亲子互动”温馨有爱的体验内容沁人心脾，这些都让“新康农文旅”成为备受周边民众推崇的特色乡村文化旅游品牌。有意向发展乡村文化旅游产业的村落，需分析找准自身特点，利用文化或自然优势，开创具有识别度及认可度的文化品牌。

第二，拒绝跟风，打造易于形成良性循环的乡村产业业态。在发展旅游产品的时候，不能仅建造几个雕塑、庙宇、纪念馆，打造几个休闲场所，更不能盲目地跟风，去开发预期较小却需要大资金投入的旅游项目，而是应当充分挖掘、利用好当地的特色资源，顺应明确潜在受众群体的需求，打造易于形成良性循环的乡村产业业态。新康村正是紧盯“亲子人群”，有的放矢，在现有资源条件的基础上，开发与目标人群相匹配的体验业态，形成乡村氛围，快速实现变现及乡村效益转化。

第三，拒绝短视，树立可持续发展的文化旅游品牌。打造一个品牌不难，维护一个品牌很难。在推进乡村文化旅游品牌打造的过程中，有三点意识是应当“先入为主”加强的：一是要加强监管，制定相应的运营体系，防止出现品质低下、恶性竞争和产业混乱的情况。二是提高村民及文旅参与者的整体素质，提高服务质量，对于一些特别的工作，如非遗区域，需要有相应的资格证书，才能为游客提供高效、专业的服务。三是对文旅安全工作给予高度重视，规划制定安全的体验线路，在乡村内存在危险的区域设立警示标志，并对可能出现的安全隐患进行定期排查，使体验者在游览过程中感到舒适和安心。

四、夯实技术支撑，技术赋能乡村文化产业发展

“数字化赋能”作为“互联网 +”时代社会经济发展的新形态，早已成为乡村产业发展和振兴的重要助力。首先，乡村产业的发展要有观念上的更新，还要有信息化的意识。一方面，在推进乡村文化产业发展时，要坚持将

乡村文化产业与现代信息科技相结合，探索信息技术对乡村文化产业发展的助力模式，为其提供新的增长点；另一方面，学会运用互联网信息技术，利用数字化、网络化、智能化的信息技术，为乡村传统文化进行可视化转化、互动性传播和沉浸式体验等赋能，拓展乡村文化产业发展业态。例如四川江油市通过与方特集团联合打造东方神话主题乐园，借助信息技术让游客沉浸式体验仙侠文化；江苏淮安西游乐园，利用AI技术让游客观影西天取经。有条件的乡村可以考虑吸引第三方企业投资，或者利用政府融资平台，利用信息技术打造村域特色文化相关视频、音频体验中心，提高乡村文化产业丰富性和用户黏度。其次，借助兴起的网络社交平台，如抖音、快手、小红书和视频号等，主动拥抱大众媒体时代的信息流量，推广村域文化，呈现村域风情，同时，还可以将乡村展演、民俗艺术、生态文旅体验等内容进行数字化转化，将静态的乡村场景转化为动态情景，向城市居民传递积极健康、美丽田园的鲜活形象。最后，运用资讯科技赋能，创造出具有丰富特色的数字乡村文化产业发展新模式。积极利用互联网信息技术，对乡村文化进行创新性开发与改造，开发“乡村文化”周边产品，借力互联网社交媒介，吸引大众关注并提高乡村的品牌知名度，推动乡村文化产业发展的经济价值实现进一步提高。

第八章　展望与策略：乡村文化产业的未来发展

第一节　乡村文化产业的发展趋势与前景展望

一、资源整合与品牌化策略

资源整合与品牌化策略是乡村文化产业发展中的关键环节，旨在通过高效利用现有文化资源，提升乡村地区的品牌价值和市场竞争力。这种策略涉及多个方面，包括文化资源的挖掘、品牌的创建与推广以及市场的定位等，对于激活乡村经济和文化的复兴具有重要意义。乡村地区拥有丰富多样的文化资源，如传统手工艺、民间艺术、历史建筑、乡土风情等。资源整合首先需要对这些文化资产进行系统的梳理和评估，识别出具有代表性和潜在市场价值的文化元素。接下来，通过专业化的管理和创新性的开发，将这些分散的资源转化为可以实际运营的文化产品或服务。品牌化策略则是在资源整合的基础上，构建统一而富有吸引力的品牌形象。创建乡村文化品牌时，需要准确把握目标市场的需求和偏好，设计符合市场趋势的品牌标识和推广策略。在这一过程中，故事性是非常重要的元素，通过讲述乡村的历史故事、文化传说或当地人的生活方式，可以有效地与消费者建立情感联系，增强品牌的文化内涵和市场认同感。同时，乡村文化品牌的推广离不开现代营销手段的支持。利用社交媒体、电子商务平台、文化旅游活动等渠道，将乡村的文化品牌推向更广泛的公众视野。特别是在数字化和网络化日益发展的今天，数字营销成为品牌推广的重要工具。例如，通过微博、微信、抖音等平台发布文化产品的故事和使用场景，可以吸引更多年轻消费者的关注和兴趣。此外，与其他行业的合作也是品牌化策略中的一个有效途径。例如，与旅游、教育、餐饮等行业结合，开发跨界产品，如文化体验旅游套餐、文化主题的教育课程或文化元素的餐饮体验，这些都可以有效地扩大乡村文化品牌的影响力和市场份额。然而，资源整合与品牌化策略的实施也面临着一些挑战，包括资金投入、专业人才缺乏、市场认知度低等问题。应对这些挑战需要政府、企业和社区三方的共同努力，政府可以提供政策支持和资金补助，企业和社区则需发挥创新精神和执行力，共同推动乡村文化产业的品牌化发展。资源整合与品牌化策略是乡村文化产业发展的重要手段。通过这一策略的实施，不仅可以增强乡村文化的市场竞争力，还可以提升乡村地区的整体形象和经济效益，为乡村振兴和文化传承提供支持。

二、技术融合与创新

技术融合与创新是推动乡村文化产业发展的关键动力，特别是在数字化和信息技术迅速发展的今天，这一趋势更为明显。通过将现代科技与传统文化相结合，不仅可以为乡村文化产业带来新的生命力，还能开拓更广阔的市场和更多样化的服务模式。在技术融合方面，增强现实（AR）、虚拟现实（VR）、人工智能（AI）等技术的应用正在逐步深入乡村文化产业中。例如，通过 VR 技术，用户可以不受地理和时间限制体验到乡村的文化活动和自然风光，这不仅增加了体验的趣味性和互动性，还能极大地提升用户的参与度。AR 技术则可以将数字信息叠加到真实世界中，为游客提供丰富的文化解说和互动体验，例如在参观古村落时，通过 AR 技术可以看到历史上的场景重现，使得文化遗产的展示更加生动。人工智能的引入则为乡村文化产业提供了数据分析、个性化服务和智能推荐等功能。AI 可以分析游客的偏好和行为模式，为其推荐符合兴趣的文化活动和产品，增强顾客的满意度和黏性。同时，AI 还能助力本地文化内容的数字化管理和创新表达，如自动化生成音乐、艺术作品等，展示乡村独特的文化魅力。技术创新还体现在乡村文化产品的营销和销售上。电子商务平台和社交媒体的广泛应用，使得乡村地区能够直接触达全国乃至全球的消费者。乡村手工艺人可以通过线上平台销售产品，不仅提高了销售额，也拓宽了市场范围。此外，通过社交媒体的内容营销，乡村的文化故事和产品能够迅速传播，吸引更多人的关注和参与。数字化平台的构建也是技术创新的一部分。例如，创建面向乡村文化产业的在线平台，集文化资讯发布、电子商务、在线教育等功能于一体，不仅方便用户获取信息和购买产品，也有助于文化资源的整合和服务的多元化。尽管技术融合与创新带来了众多机遇，但也存在挑战，如技术应用的成本、乡村地区基础设施的落后、居民对新技术的接受度等。应对这些问题需要政府、企业和社区共同努力，投入必要的资源进行技术培训和基础设施建设，同时确保技术应用与乡村文化的有机结合，防止文化本质的丧失。技术融合与创新对乡村文化产业的未来发展至关重要。这不仅能够提升乡村文化的传播效率和影响力，也为乡村经济的多元化发展提供了新的可能，促进了文化与经济的双重增长。随着技术的不断进步和创新应用的拓展，乡村文化产业将迎来更加广阔的发展前景。

三、生态旅游与体验经济的结合

生态旅游与体验经济的结合是乡村文化产业发展中的一个重要方向，这种模式不仅强调环境保护和可持续发展，还注重提供沉浸式的文化体验，使游客能够获得更丰富、更个性化的旅游体验。随着人们生活水平的提高和旅游需求的多样化，越来越多的游客倾向于选择那些能提供独特体验和文化深度的旅游形式，而乡村地区以其天然的生态资源和丰富的文化遗产，成为实现这一需求的理想场所。在生态旅游与体验经济的结合中，乡村不仅是展示自然风光的场所，更是体验传统文化和参与地方生活的空间。游客可以直接参与到农作、采摘、渔猎、手工艺品制作等活动中，通过实践体验传统技能和当地的生活方式，这种互动性和参与性极大地丰富了旅游的内涵，使得旅游体验更加真实和深刻。此外，生态旅游项目往往与当地的生态保护和文化保存密切相关，通过旅游活动的设计和管理，可以促进环境的保护和文化的传承。例如，一些乡村地区通过建立生态保护区或文化保护区，限制游客数量和活动类型，确保旅游活动不会对当地的环境和文化造成破坏。同时，将旅游收入的一部分用于环境保护和文化教育项目，可以实现旅游业与地方社区的共赢。生态旅游的发展还带动了与之相关的服务业和产品开发，比如特色住宿、地方美食、文化工艺品等，这些都是体验经济的重要组成部分。通过提供独特的住宿体验，如乡村民宿、生态木屋以及地道的饮食体验等，游客可以更深入地了解和感受当地的文化和生活方式。文化工艺品的制作和销售不仅为当地居民创造了就业机会，也让游客可以将这些独特的文化记忆带回家。为了更好地推动生态旅游与体验经济的结合，需要政府和企业的共同努力。政府可以通过制定合适的政策和提供资金支持，引导旅游业的健康发展，确保旅游活动的可持续性和文化的保护。企业则需要创新服务模式和产品，提高服务质量，以满足游客对高质量旅游体验的需求。随着可持续发展理念的深入人心和全球旅游市场的逐渐恢复，结合生态旅游和体验经济的乡村旅游模式预计将持续增长。这不仅能够为乡村地区带来经济效益，还能增强游客对文化的理解和环保意识，促进全球文化和生态的可持续发展。

四、社区参与和可持续发展

社区参与和可持续发展是乡村文化产业未来发展的重要支柱，它们强调地方社群在文化保护和产业发展中的核心作用。社区参与不仅能够增强项目的适应性和接受度，而且可以通过利用本地的知识和资源，推动文化产业的可持续增长。在乡村文化产业中，社区参与的形式多样，包括但不限于当地居民参与文化项目的规划和管理、当地艺术家和手工艺人的作品展示与销售以及社区教育和培训项目。通过这些活动，社区成员不仅能够为文化产业的发展贡献力量，还能直接从中获益，提高他们对这些项目的支持和维护意识。可持续发展则关注经济、环境与社会三个方面的平衡发展。在乡村文化产业中，这意味着开发与推广那些能够支持经济增长、保护环境并增强社会福祉的文化活动。例如，通过发展以环保和文化教育为核心的旅游活动，不仅可以创造收入，增加就业机会，还可以提高人们对环境保护和文化遗产价值的认识。社区参与和可持续发展之间存在着天然的联系。当社区居民参与到文化产业的各个方面，从项目设计到实施过程中，他们对这些活动的归属感和责任感会大大增强。这种参与感促使社区居民不仅在经济上从文化活动中获益，而且在社会和环境层面也得到积极影响。实现社区参与和可持续发展的关键在于建立有效的机制和政策支持。需要政府和非政府组织共同努力，为社区提供必要的资源和培训，使他们能够有效地管理和利用当地的文化资源。此外，通过法律和政策措施保护文化遗产，确保文化活动不会对环境造成负面影响，同时促进经济的公平增长。此外，发展乡村文化产业还需要注意技术的引入和创新。现代信息技术，如互联网、大数据和移动通信可以为乡村地区带来新的发展机遇。例如，通过在线平台销售乡村手工艺品，不仅可以开拓更广阔的市场，还可以减少中间环节，提高社区居民的收入水平。乡村文化产业的未来发展必须建立在社区参与和可持续发展的基础上。这样的发展策略不仅能够保护和传承文化，还能促进经济的增长和环境的持续健康，最终实现文化与经济的和谐发展，增强乡村地区的综合竞争力和吸引力。

五、政策支持与区域合作

政策支持与区域合作是乡村文化产业发展的两大关键因素，它们为乡村地区的文化振兴和经济繁荣提供了重要的外部条件和动力。政策支持主要涉及政府在财政、税收、法律和行政方面为乡村文化产业提供的帮助和优惠，而区域合作则关注不同地区之间如何通过合作共享资源、协调发展、实现共赢。政策支持的形式多样，包括直接的财政补贴、税收减免、特别资金支持、优惠贷款等。这些政策能够减轻乡村文化企业和项目的经济负担，激励创新和创业活动。例如，政府可以为文化创意产品的研发和市场推广提供资金支持，或为文化旅游项目提供基础设施建设的资金。此外，政策还包括文化遗产保护、非物质文化遗产挖掘与传承、乡村旅游开发等方面的支持，这些都是保护和利用乡村文化资源的重要措施。区域合作则是乡村文化产业发展中不可或缺的一环。通过区域合作，不同地区可以共享文化资源，协调旅游路线，共同开发市场，这不仅有助于提升乡村文化产业的整体竞争力，还能促进区域内的经济均衡发展。例如，多个乡村区域可以联合举办文化节、艺术展览或工艺市场，通过合作增强活动的规模和影响力，吸引更多的游客和消费者。

此外，区域合作还可以从教育、技术、信息等方面进行，比如共建文化产业园区、共享数字资源平台等。政策支持与区域合作的有效结合可以创造一个良好的外部环境，促进乡村文化产业的健康发展。政府的政策支持提供了必要的资源和保障，而区域合作则通过资源共享和协同发展，增强了乡村文化产业的内在活力和市场潜力。这种双轮驱动的模式不仅有助于文化的保护和传承，还能推动乡村经济的多元化发展，提高乡村地区的整体生活质量和社会福祉。为了进一步提升政策支持和区域合作的效果，需要政府部门加强政策的针对性和实效性，确保政策能够真正落到实处，发挥最大效益。同时，各地区之间需要建立更为紧密和高效的合作机制，确保信息流通、资源共享和合作项目的顺利实施。这样，乡村文化产业才能在政策和合作的双重推动下，迎来更加广阔的发展前景。

第二节　乡村振兴与乡村文化产业发展的新思路

一、加强区域合作与资源整合

加强区域合作与资源整合是乡村振兴与乡村文化产业发展中的一项重要策略，它旨在通过跨区域的协作，优化资源配置，实现文化与经济资源的共享和互补，从而提升整体的发展效率和竞争力。区域合作可以从多个层面进行，包括行政区划之间的合作、行业间的协作以及公私部门的联合，这种合作模式能够整合各方面的优势资源，共同推进乡村文化产业的发展。在实施区域合作时，可以通过建立区域性的文化产业联盟或合作框架来促进信息的流通和资源的共享。例如，相邻的乡村可以共同开发旅游线路，将各自的文化特色和资源进行整合，共同推广，吸引更广泛的游客群体。这种合作不仅可以增加各乡村的知名度和吸引力，还能通过规模效应降低营销和管理成本。资源整合则是区域合作的重要内容，涉及人才、资金、技术等各种资源的优化配置。通过共享资源，各乡村可以避免重复建设和浪费，集中力量进行重点项目的建设和重大活动的开展。在资源整合的过程中，可以借助现代化信息技术手段，如云计算和大数据分析，精确地分析各地资源的特点和需求，实现精准对接和高效利用。此外，区域合作与资源整合还需注重保持地方文化的多样性和特色。虽然合作旨在共享和整合资源，但保持各地文化的独特性是吸引游客和消费者的关键。因此，在进行资源整合和产品开发时，应尊重和突出各地的文化特色和历史背景，避免过度商业化和同质化。政府在加强区域合作与资源整合的过程中扮演着关键角色。政府不仅可以提供政策和财政支持，还能为区域合作提供平台和服务，如拟订合作协议、组织交流会议、提供法律和技术支持等。此外，政府还可以引导和鼓励私企和非政府组织参与到区域合作中来，通过多元化的合作主体和创新的合作模式，进一步提升合作效果。实现有效的区域合作与资源整合，需要各参与方的共同努力和持续创新。通过建立长期稳定的合作机制，确保合作的持续性和效益最大化，乡村文化产业才能在新的发展阶段展现出更强的生命力和更广阔的发展前景。

二、加强文化遗产保护与活化利用

加强文化遗产保护与活化利用是乡村振兴与乡村文化产业发展中的一项重要策略，这不仅有助于保存和传承具有历史、艺术和科学价值的文化资源，也能激活这些资源的现代价值，将其转化为促进当地经济和社会发展的动力。文化遗产的活化利用，旨在通过创新和适应性的管理，使遗产资源在尊重原有文化精神和历史价值的基础上，更好地融入现代生活，服务于社会经济的发展。文化遗产保护首先需要对文化遗产进行全面的调查和登记，明确其历史价值、现状及保护需求。在这一过程中，科技手段如3D扫描、数字建模等技术可用于遗产的记录和监测，这些数据为遗产的保护和修复提供科学依据。同时，加强法律法规建设，确保有足够的政策支持来保护这些文化财富不受破坏。活化利用方面，可以根据文化遗产的特性和当地社区的需求，设计相应的利用方案。例如，可以将历史建筑改造为博物馆、艺术展览中心、文化体验工作坊或乡村旅游景点，使之成为当地文化生活的一部分，同时吸引游客和提高地方经济收入。在此过程中，重要的是要保持文化的原真性和完整性，避免商业开发对文化遗产原有面貌的破坏。此外，社区的广泛参与是文化遗产活化利用成功的关键。通过让当地居民参与到文化遗产的保护和利用过程中，不仅可以提升他们的文化自豪感和归属感，还可以利用他们的知识和技能，增加项目的实用性和可持续性。社区居民可以通过讲解员、管理者或创意产品的开发者等多种形式，直接参与到文化遗产的活化利用中。技术创新也是推动文化遗产活化利用的重要驱动力。利用虚拟现实、增强现实等技术，可以创造沉浸式的体验活动，使游客能够跨越时间和空间的界限，更加深入地了解和体验乡村的历史和文化。此外，数字化平台能够为文化遗产的宣传和市场拓展提供便捷的途径，扩大其影响力和经济价值。将文化遗产的保护与活化利用作为乡村振兴的一部分，需要从政策制定、技术应用、社区参与和市场开发等多方面进行综合考虑和布局。这样的策略不仅能够有效地保护和传承珍贵的文化资源，也能激发乡村地区新的经济活力和社会活力，实现文化遗产的可持续发展。通过这样的方法，乡村文化产业将更能体现其时代价值，成为推动社会和谐和经济繁荣的重要力量。

三、发展生态旅游和体验经济

发展生态旅游和体验经济是乡村振兴与文化产业发展的一条重要路径，这种模式通过提供深度的文化和自然体验，不仅能够保护乡村的环境与文化资源，还能为当地居民带来可持续的经济收益。生态旅游侧重于自然环境的保护和可持续利用，而体验经济则强调提供独特的个性化体验，两者的结合能够促进乡村地区的经济和文化发展，同时增强游客的参与感和满意度。在发展生态旅游时，可以开发以自然景观和野生动植物为核心的旅游项目，如徒步旅行、观鸟、星空观测等，这些活动不仅对自然环境的影响较小，还能提升游客对自然保护的意识。同时，通过对游客数量和活动类型的严格管理，确保旅游活动不会对生态环境造成损害，实现旅游发展与环境保护的双赢。体验经济的发展则需要依托乡村独特的文化资源，开发如手工艺制作、传统农作、地方美食体验等项目，这些活动不仅让游客能够深入了解和体验当地的文化和生活方式，还能增加当地居民的就业机会和收入。例如，通过建立手工艺工坊，游客可以在当地手艺人的指导下学习制作传统工艺品，这种互动性强的体验对游客具有很强的吸引力。为了更好地推动生态旅游和体验经济的发展，还需要建立相应的支持系统，包括基础设施的建设、服务人员的培训以及市场营销的策略。基础设施如交通、住宿和卫生设施的完善，可以提升游客的访问便利性和满意度；专业的服务人员培训可以保证服务质量，增强游客体验；有效的市场营销则可以将乡村地区的旅游资源推广到更广泛的市场，吸引更多的游客。此外，政府的政策支持和引导也是促进生态旅游和体验经济发展的关键。政府可以通过提供财政补贴、税收优惠、技术支持等措施，激励企业和个人投资旅游和文化产业，同时通过立法和规划，保护生态环境和文化遗产，确保旅游发展的可持续性。生态旅游和体验经济的发展为乡村振兴提供了一条有效的途径，不仅能够促进经济增长，还能保护和传承文化，提升游客体验，实现经济和文化的双重价值。通过这种方式，乡村地区可以实现从传统农业向现代服务业和体验经济的转型，翻开乡村振兴的新篇章。

参 考 文 献

[1] 汪瑞霞 . 第二届生态文明引领下的乡村振兴国际研讨会暨设计助力乡村建设青年论坛优秀论文集 [M]. 南京：江苏凤凰美术出版社，2022.

[2] 赵晓红 , 曾耀萱 . 云南特色文化产业助推扶贫攻坚及促进乡村文化振兴对策研究 [M]. 昆明：云南大学出版社，2021.

[3] 岑大明 . 乡村振兴战略与路径 [M]. 昆明：云南人民出版社，2020.

[4] 胡钢 , 杨蕙而 . 数字化助力乡村文化振兴：功能定位与路径选择 [J]. 西北农林科技大学学报 (社会科学版),2024,24(3)：21–29.

[5] 陈昱 . 文化和旅游赋能乡村振兴效果评估体系构建研究——基于全国 127 个县（乡村）文旅发展数据的实证分析 [J]. 价格理论与实践 ,2024,(1)：119–123+214.

[6] 张发钦 , 刘莉莉 , 刘源渊 . 新发展理念视阈下民族地区乡村文化治理探论 [J]. 农业经济 ,2024,(4)：63–64.

[7] 黄建红 , 甘思源 , 吕夏蒙 . 互动耦合：文旅融合如何助力乡村振兴——基于双螺旋模型的多案例分析 [J]. 资源开发与市场 ,2024,40(4)：630–640.

[8] 杨骞 , 祝辰辉 . 乡村振兴的中国道路：特征、历程与展望 [J]. 农业经济问题 ,2024(2)：4–17.

[9] 周锦 . 文化产业数字化如何赋能乡村振兴？ [J]. 现代经济探讨 ,2024(2)：119–132.

[10] 冯志宏 . 习近平文化思想之乡村文化理论与实践 [J]. 深圳大学学报 (人文社会科学版),2024,41(1)：25–32.

[11] 李响 . 乡村振兴中文化产业的实践进路 [J]. 中国农业资源与区划 ,2023,44(12)：103+130.

[12] 曹胡丹 , 张艳娥 , 潘怡 , 等 . 国家体育旅游示范区助力乡村振兴探究 [J].

体育文化导刊,2023(12)：39–45+66.

[13] 赵成波 . 新时代背景下艺术设计与管理对乡村振兴的影响探讨 [J]. 农业经济,2023(12)：68–70.

[14] 刘岳平, 文余源 . 数字人民币赋能乡村振兴：理论机制与现实进路 [J]. 南方金融,2023(9)：3–14.

[15] 陈旭东, 沈克印 . 乡村体育赛事助力乡村振兴的内在机制、经验启示与培育路径——以贵州“村 BA”为例 [J]. 沈阳体育学院学报,2023,42(6)：8–14.

[16] 黄文记 . 地方性知识驱动乡村文化振兴：历史逻辑、价值共生与体系重构 [J]. 西南民族大学学报 (人文社会科学版),2023,44(11)：186–193.

[17] 祁占勇 . 面向全面乡村振兴的农村职业教育服务逻辑 [J]. 西南民族大学学报 (人文社会科学版),2023,44(11)：194–202.

[18] 刘东峰 . 艺术乡建激活乡村内生动力的文化逻辑和实践路径 [J]. 山东社会科学,2023(11)：120–127.

[19] 王振杰 . 民族杂居地区乡村文化振兴与共同体重建的耦合——基于文化共生视角的分析 [J]. 西北农林科技大学学报 (社会科学版),2023,23(6)：59–67.

[20] 李光绪 . 文化资源赋能乡村振兴的内在机理与实践路径——基于吉林省民族地区“西村”的实践研究 [J]. 黑龙江民族丛刊,2023(5)：85–94.

[21] 高俊山 . 非物质文化遗产赋能乡村振兴的路径选择——基于湖南湘西州的调查分析 [J]. 中南民族大学学报 (人文社会科学版),2023,43(9)：78–85+184.

[22] 马慧霞 . 饲料产业助力乡村文化振兴的路径研究 [J]. 中国饲料,2023(18)：156–159.

[23] 唐承财, 秦珊, 戴湘毅, 等 . 文化和旅游视域下中国乡村振兴研究评述与展望 [J]. 地理科学进展,2023,42(8)：1437–1452.

[24] 袁媛, 范建华 . 数字化助推乡村文化产业高质量发展的内在逻辑与路径探索 [J]. 理论月刊,2023(8)：83–92.

[25] 吴俊梅，广少奎 . 县域高职教育赋能乡村振兴：逻辑引领、功能定位与实践指向 [J]. 教育与职业 ,2023(13)：29-36.

[26] 漆菁夫，史豪杰 . 短视频助推乡村文化传播实策与功能研究 [J]. 中国出版 ,2023(12)：63-65.

[27] 李朝晖 . 乡村振兴背景下农村文化产业现实困境与创新逻辑探讨 [J]. 农业经济 ,2023(5)：61-62.

[28] 吴韦成，易希平 . 高职艺术设计类专业服务乡村振兴的时代嬗变、实践困境与恰切路径 [J]. 教育与职业 ,2023(10)：102-107.

[29] 张波，丁晓洋 . 文化产业何以助推乡村振兴：一个分析框架 [J]. 求实 ,2023(3)：82-94+112.

[30] 王福帅 . 乡村振兴下民族地区乡村共同体的重构路径 [J]. 宏观经济管理 ,2023(5)：61-67.

[31] 肖顺武，董鹏斌 . 中国式现代化进程中数字经济服务乡村振兴的困境检视、内在机理与实现路径 [J]. 经济问题探索 ,2023(5)：1-12.

[32] 董芩，阿木古楞 . 西部农村职业教育赋能乡村振兴的逻辑、困境与路径 [J]. 教育与职业 ,2023(9)：21-26.

[33] 张虹 . 高职院校助力乡村振兴的作用、资源优势及路径 [J]. 教育与职业 ,2023(6)：47-51.

[34] 时家贤，赵耀 . 文化产业赋能乡村振兴的机制与路径 [J]. 社会科学家 ,2022(12)：65-70.

[35] 王越 . 乡村旅游文创产品设计研究 [J]. 中国果树 ,2023(3)：153-154.

[36] 白双翎 . 乡村振兴视域下的农村文化建设路径研究 [J]. 农业经济 ,2023(2)：61-63.

[37] 郭世杰，刘明，刘洋 . 乡村振兴与文化传承——以农民画与乡村教育为例 [J]. 民族教育研究 ,2022,33(6)：126-134.

[38] 肖卫东 . 特色产业赋能乡村振兴的内在逻辑与行动路径 [J]. 理论学刊 ,2023(1)：117-126.

[39] 田祥宇 . 乡村振兴驱动共同富裕：逻辑、特征与政策保障 [J]. 山西

财经大学学报 ,2023,45(1)：1–12.

[40] 范建华 , 邓子璇 . 数字文化产业赋能乡村振兴的复合语境、实践逻辑与优化理路 [J]. 山东大学学报 (哲学社会科学版),2023(1)：67–79.

[41] 丁晓洋 . 文化产业助推乡村振兴的内在机理与实践路径 [J]. 学术交流 ,2023(1)：108–121.

[42] 赵继颖 , 李响 .“未来乡村”治理促进共同富裕的现实困境与实现路径 [J]. 学术交流 ,2023(1)：96–107.

[43] 潘书惠 . 乡村文化振兴及其产业发展路径 [J]. 中国农业资源与区划 ,2022,43(12)：26+38.

[44] 文丰安 . 人工智能助推乡村振兴发展的现状与路径探析 [J]. 江淮论坛 ,2022(6)：65–70.

[45] 高宏存 . 文创赋能乡村振兴的理念革新与思路突破 [J]. 行政管理改革 ,2022(11)：23–33.

[46] 胡钰 , 赵平广 . 文化、人才、资本：乡村振兴的基本要素研究 [J]. 行政管理改革 ,2022(11)：34–43.

[47] 郭际 , 易魁 , 于丽霞 . 乡村文化与旅游业态的多维耦合互动机制探索 [J]. 企业经济 ,2022,41(11)：134–141.

[48] 尚子娟 , 陈怀平 . 农村公共文化服务与乡村振兴双向赋能的价值逻辑和推进路径 [J]. 中州学刊 ,2022(11)：81–89.

[49] 刘斐 . 艺术介入乡村振兴历史经验的若干思考 [J]. 艺术百家 ,2022,38(6)：43–49.

[50] 李杰义 , 胡静澜 , 马子涵 . 数字乡村建设赋能乡村振兴：理论机制、实践路径与政策启示 [J]. 西南金融 ,2022(11)：84–95.

[51] 关振国 , 张世煜 , 方建斌 . 粮食安全：助推乡村振兴的“启航器”[J]. 西北农林科技大学学报 (社会科学版),2022,22(6)：29–37.